中堅中小企業の経営改革

成長し続ける会社が実践している3つのこと

●著者● 山本 孝光
奥村 亮祐

カナリアコミュニケーションズ

目次

目次

目次

はじめに

筆者はこれまで、経営者としてあるいは経営コンサルタントとして、様々な企業の改革・再建を実現してきました。会社経営にお困りの社長は、共通して次の悩みを持っておられるようです。

「自社の経営数値が正しく把握できません。どの商品が、あるいはどの販路が儲かっているか見えず、どんな改善策が必要か考えにくい状態です」

「製造と販売の仲が悪く、納期遅れが発生したり、在庫があふれかえっています」

「ヒトがなかなか育たないんですよ。スタッフには自主性がなく、言われたことしかやらない状況です」

「特定の顧客からの売上に偏っており、価格・品質・納期はその顧客から言われるがまま。新規開拓をする間もなく、利益を増やすための打ち手が限られているんですよ」

このように多くの会社が、経営について様々な悩みを抱えていらっしゃいます。そして色々と手は尽くしているものの、残念ながら業績が良くない会社は少なくありません。従業員が数十人～数百人の中堅中小企業では特に、こうした悩みは深刻です。中堅中小企業の多くは、様々な外部要因に振り回されながら余裕なく仕事をしているように感じます。そして社内においても安定経営のための基盤が整備されておらず、ちょっとした変化やトラブルに右往左往と一企業として自立した経営ができていないことも多いようです。あるいは一定の規模までは大きくなるものの、ある時点で成長が止まってしまい、そこからの再成長ができずに困っている中堅中小企業も少なくありません。

様々な企業の業績を改善し、自立した企業への成長をご支援する中で気付いたことがあります。それは「会社が一企業として自立できないのは、明確な理由がある」ということ。その理由とは、「経営の本質を押さえられていないこと」です。例えば、経営の本質の一つに、「値決めは経営の最重要業務」が挙げられます。値決めが正しくなされていないと、次のようなことが起きてしまい、会社には利益が残りません。

・値決めをする人と採算責任を持つ人が一致していない――採算責任ある人からすると、知らないうちに価格が決まるので納得がいかず、採算が悪化しても「あの人が勝手に安値で受注してきたから…」と言い訳ばかり。採算向上の取り組みに本腰になれない。

・値決めの根拠がない――昔からのお付き合いで営業が勝手に価格を決めてくる。あるいは、正しい原価が分からないにも関わらず「勘と経験」で価格を決めている。

・マーケット価格を加味せず、原価の積み上げで値決め――ただ実際にはその価格は市場価格にミートせず、受注が取れない。そして次の見積もり時に、これまでの分を取り返そうとして更に高額となってまた受注が取れない…という悪循環に陥る。

こうした課題を抱える会社においては、経営の本質を押さえた改革が必須です。先ほどの「値決めは経営の最重要業務」に関しては、マーケットと自社の経営状況の両方が分からないと正しい値決めはできません。これはまさに経営そのもので、値決め一つで会社の利益は大きく左右されてしまうでしょう（「あるべき値決め」については、第二章で詳しく説明します）。

本書ではこれまでの筆者自身の経験に基づき、押さえるべき「経営の本質」をまとめました。この「経営の本質」は大きく3つに分けられ、いつの時代も、どんな業界・業種においても、変わることなく重要だと考えています。

・経営における正しい考え方―正しい経営には正しい考え方が不可欠です。考え方を間違えると、他でどれだけ頑張ったとしても会社全体はゼロにもマイナスにもなってしまいます。経営を執り行う上での真髄を七箇条にまとめました（第二章）。

・盤石な経営の土台作り―「経営の仕組み」と「企業文化」が、成長するためのベースとなります。経営の土台が確固たるものであれば、戦略や業務はその上で確実に働くことでしょう。逆に土台がしっかりしていないと、経営は常に不安定となってしまいます。例えるなら経営の仕組みは、その会社の文明です。文明と文化は切っても切り離せない関係にあります（第三章・第四章）。

・盤石な土台の上にある戦略や機能―「戦略・勝てる構造・事業計画」に加えて、「技術開発・調達／購買・製造」や「マーケティング・営業」といった機能は、前述の「正しい考え方」と「盤石な土台」があるからこそ、その効果が最大限発揮されるようになります（第五章・第六章・第七章）。

更に本書で紹介する内容は、教科書に書いてあるようなこととは異なり、全て筆者自身が実際に企業経営・コンサルティングを進める中で、悩み・試行錯誤しながら体系化したものです。筆者自身も、途中で様々な失敗を体験しましたし、回り道もしました。そうした様々な改善事例を交えながら、具体的に「経営の本質」を説明していきたいと考えています。こうした実践に基づく「経営の本質」が、企業経営における悩みを解決し、継続的な成長の一助となれば幸いです。

▼第一章▲

企業経営の全体像

1 中堅中小企業に共通する問題

世の中には、取り巻く外部環境が同じであるにも関わらず、「成長する会社」と「成長しない会社」が常に存在します。その差は何でしょうか？　個人的に実感しているのは、〝「成長しない会社」には明確な問題点が存在し、その問題が解決されないままになっていること〟これはどんな時代でも、どんな業界でも、変わることのない事実だと考えています。

特に、経営に苦しむ中堅中小企業では、次のような問題点がしばしば見受けられます。

問題点①　社内が活性化していない（ネガティブなマインド・文化）
問題点②　採算をはじめとする経営状態が、正しく・適切なタイミングで見えない
問題点③　各部門の力が結集できていない
問題点④　将来のビジョンが見えていない・考えられていない

これら4つは、程度の差こそあれ、ほとんどの会社が悩み続けることである気がしています。次にて、中堅中小企業を苦しめる４つの問題についてそれぞれ詳しく見ていきましょう。

1―1 問題点① 社内が活性化していない（ネガティブなマインド・文化）

これまでに様々な会社を訪問してきましたが、「この会社は元気がない」「社内が活性化してない」と感じることが時々あります。言葉では表現しにくいのですが、どんよりとした空気が漂っており、従業員になんとなく活気がない。

そうした会社では多くの場合、次のような悪循環が起きています。「前向きな意見や提案はどうせ言ってもムダ。出る杭は打たれる」と従業員が思い始めると、現場からは本音や正しい情報が出てこなくなります。そうして皆が情報を隠し合うと、お互いのことを理解・信頼できなくなってしまい、陰で他部門を非難したり、協力せずに足を引っ張り合ったりという事態に陥ってしまうのです（余談ですが、こうしたことはどの会社でも起きて

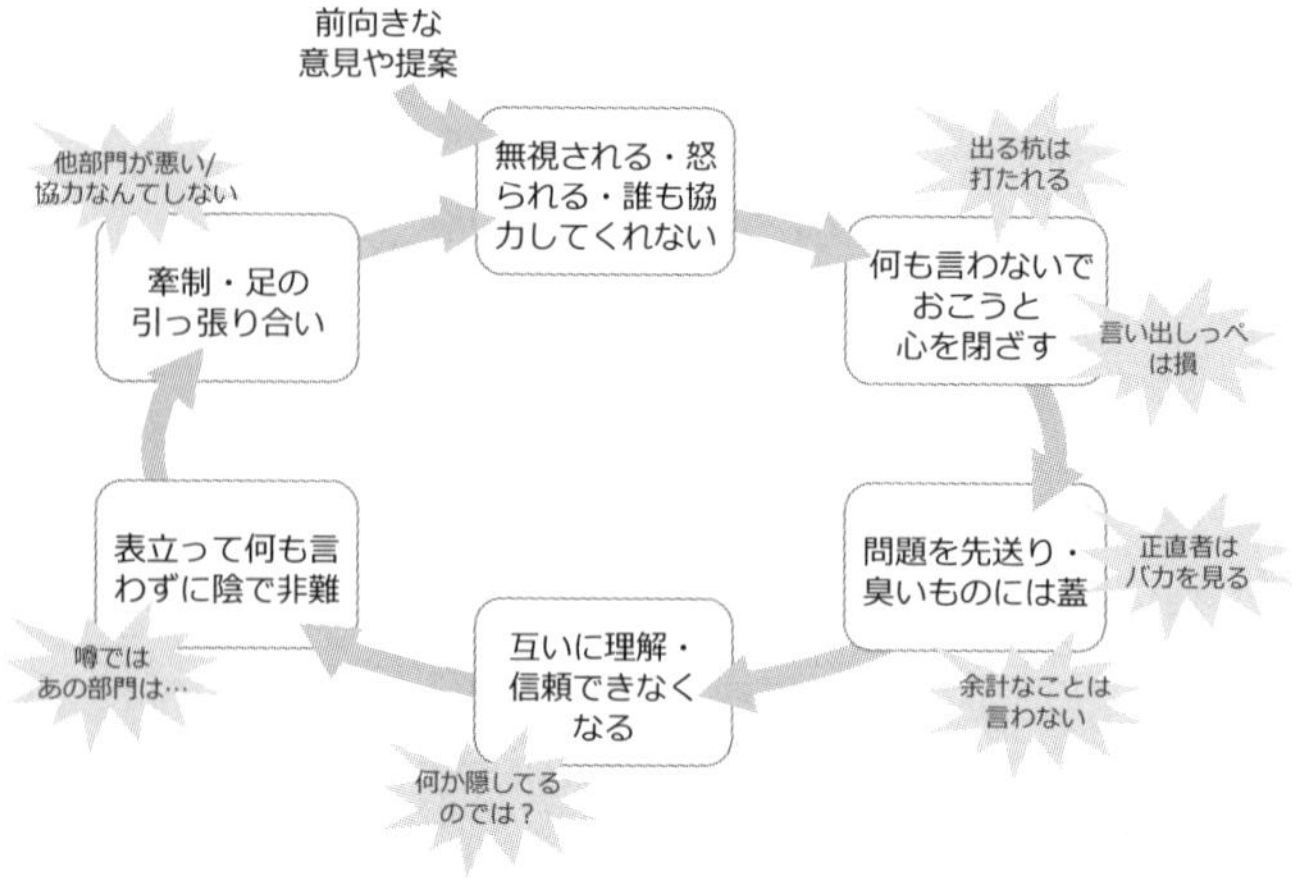

いるのではないかと感じています。例えば講演でこの話をすると、苦笑いしながらしきりにうなずく方が本当に多い！）。

なお、ネガティブなマインドの会社では、各人が率先して動くことはなく、更に自発的に工夫をすることがないので、会社の業績は良くありません。例えば、〝上司や顧客から言われたことだけやる会社〟と、〝周りから言われないことでも、先回りして手を打つ・工夫し続ける会社〟とでは、仕事の成果の差は天と地ほどに広がります。経験上、「社内の雰囲気」と「利益」は大いに関係していると実感しています。

だからこそ、会社を根本的に良くするため

には、こうしたネガティブな企業体質を変える必要があります。仮に、どんなに素晴らしいITシステムを導入しようが、斬新なアイデアで新規事業を始めようが、ネガティブな企業体質のままでは、社内は「頑張ってもどうせ何も変わらないよ」「新しい仕事、面倒臭いなあ」という雰囲気になりがちです。これでは会社は絶対に良くなりません。

経営改革の局面で筆者がこだわるのは、この「マインド・文化の変革」です。筆者が再生のために社長に就いた会社にて、従業員のマインド・企業体質が抜本的に変わった実際の改革事例を、第四章にてお話したいと思います。

一方で、「企業文化は、これまでの歴史の中で培われたものなので、一朝一夕には変わらない」というのも事実です。しかも、ネガティブな企業文化の原因は1つではなく、先ほどの図のように色々なことが重なり合って悪循環に陥った結果であることが多いでしょう。そのため、部門間の飲み会を開こうとか、幹部の意識改革研修を開催しようとか、そういった単発のことではあまり変わらないものです。

ただ経験上、企業文化が「良い方向に変わっていく方法」は確実にあります。時には徐々に、時にはドラスティックに。「会社の変わり方」は千差万別ですが、改革時に押さえたいポイントや有効な方法が存在すると考えています。

1─2 問題点② 採算をはじめとする経営状態が、正しく・適切なタイミングで見えない

部門別採算やKPI（Key Performance Indicator。重要経営指標）をはじめ、経営実態が正しく・適切なタイミングで把握できない会社はかなり危険です。それは例えるならば、計器類が見えない飛行機。もし、「飛行機の高度計や方位計に表示されている高度や方角は、30分前の数値。しかも間違っているかもしれない」という状態であれば、怖くてその飛行機は操縦できません。今の状態を正しく・タイムリーに把握できることは、飛行機を安全に操縦するためには必要不可欠です。このように、会社という飛行機を上手く操縦するには、ヒト・モノ・カネ等の経営実態を押さえつつ、会社がちゃんとゴールに向かっているのか・問題なさそうかを常に把握し続けることが必須となるでしょう。

なお、会社の採算が見えないことは、経営者だけではなく、各部門の活動にもマイナス

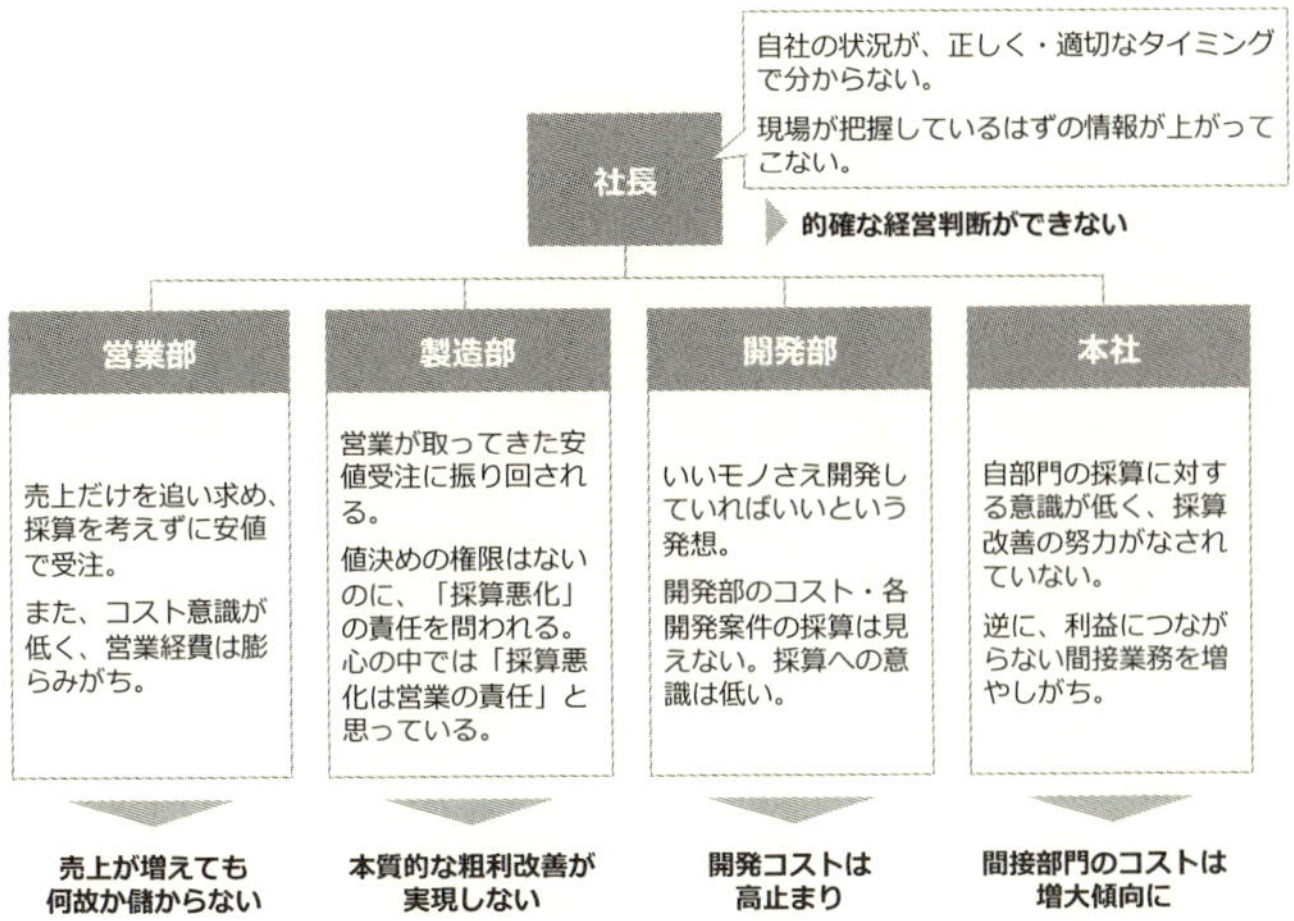
社長
自社の状況が、正しく・適切なタイミングで分からない。
現場が把握しているはずの情報が上がってこない。
的確な経営判断ができない
営業部
売上だけを追い求め、採算を考えずに安値で受注。
また、コスト意識が低く、営業経費は膨らみがち。
売上が増えても何故か儲からない
製造部
営業が取ってきた安値受注に振り回される。
値決めの権限はないのに、「採算悪化」の責任を問われる。心の中では「採算悪化は営業の責任」と思っている。
本質的な粗利改善が実現しない
開発部
いいモノさえ開発していればいいという発想。
開発部のコスト・各開発案件の採算は見えない。採算への意識は低い。
開発コストは高止まり
本社
自部門の採算に対する意識が低く、採算改善の努力がなされていない。
逆に、利益につながらない間接業務を増やしがち。
間接部門のコストは増大傾向に

の影響をもたらします。筆者が以前に支援した会社では、コンサルティング前には「採算を可視化する仕組み」がなかったために、各部門がうまく機能していませんでした。

例えば営業は、売上だけを追って採算度外視の受注を取っていました。その一方で製造は、営業が勝手に決めてきた価格や納期に振り回されて、採算改善の取り組みが十分できない状態。さらに開発や本社も採算への意識が低く、コストは全体的に高止まりでした。

このように全部門が採算を意識していなかったので、結果的に利益が出にくい経営状態となっていたのです（この会社では、採算を可視化する仕組みを導入。具体的な改善事例は

第三章）。

なお、「ウチはちゃんと部門別に採算を見ています」とおっしゃる社長にも時々お会いしますが、よくある勘違いが2つあります。

1つ目は「採算を、経営者や幹部だけが見ているケース」です。言わずもがなですが、経営は全従業員の活動の結果です。にも関わらず、「財務数値を従業員に開示したくない」と言って、従業員に部門採算やKPIをオープンにしていない会社は少なくありません。そうすると、経営者や幹部だけが採算を良くしようと孤軍奮闘することになるのがオチです。経営者や幹部の必死さとは裏腹に、従業員は明後日の方向に行ってしまったり、温度感が伝わらず一致団結できません。ただこれは従業員が不真面目なわけでも能力が低いわけでもなく、採算を良くすることがミッションではない従業員に採算向上のアクションをとってもらうことは不可能です。例えば、「営業のミッションは売上を上げること」となっているだけでは、営業は売上を上げるためだけに、経費をたくさん使い・値引を続けてしまうでしょう。つまりこのミッションを果たそうと営業がどれだけ努力しても、会社の利益向上にはつながりません。

そのため経営においては、誰もが経営実態を見通せるようにしておくことが重要です。本当に強い企業では、従業員一人一人が経営状態を把握しており、なにか問題が起きた時には社長が何も言わなくても改善しようというアクションが自発的にとられます。ちなみにこの場合、経常利益や人件費をそのままオープンにする必要はありません。会社の実態を適切に表す仕組みの設計がポイントとなります。

2つ目の勘違いは、「売上と費用をなんとなく分けて部門別採算を計算しているが、むしろマイナス影響となっているケース」です。例えば、「総務や経理等の間接部門の共通費用は、他部門に売上で按分」といったルールにしばしば出会います。ただ、採算責任のある現場からすると、次のような想いになりがちです。

「自分達が頑張って売上を上げたら、その分だけ重く共通費用がのしかかってくる」

「総務や経理は人数も多く、効率良く仕事をしているようには見えない。どうしてそんな部門の費用を自分達が負担しないといけないのか」

「しかもウワサでは、社長の飲み代まで飛んできているらしい!」

自部門がコントロールできない費用を押し付けられたら、採算を守るべき現場はたまりません。これでは現場が採算を本気で追求する雰囲気にはなりにくく、その結果、売上・費用をなんとなく割り振った採算管理の仕組みはうまく働かなくなるでしょう。

1―3 問題点③ 各部門の力が結集できていない

部門間でケンカが絶えず、常に従業員が不満を抱いている会社を、これまでに数多く見てきました。残念ながらこういう会社では、会社としての力が100%発揮されることはないでしょう。競争の激しい昨今、会社の力が100%発揮できないのにライバルに勝てるほど、ビジネスは甘くはありません。全部門の力が結集しておらず、「戦う土俵」にすら上がれていない会社は少なくないとも感じています。

例えばメーカーの場合、左図のような部門間のトラブルが起きがちです。そうすると、無駄な調整工数が発生してコストは高くなりますし、量産段階になってから不具合が判明して開発からやり直さねばならずにリードタイムが長くなると、競争力はどんどん失われ

例えば、メーカーの場合

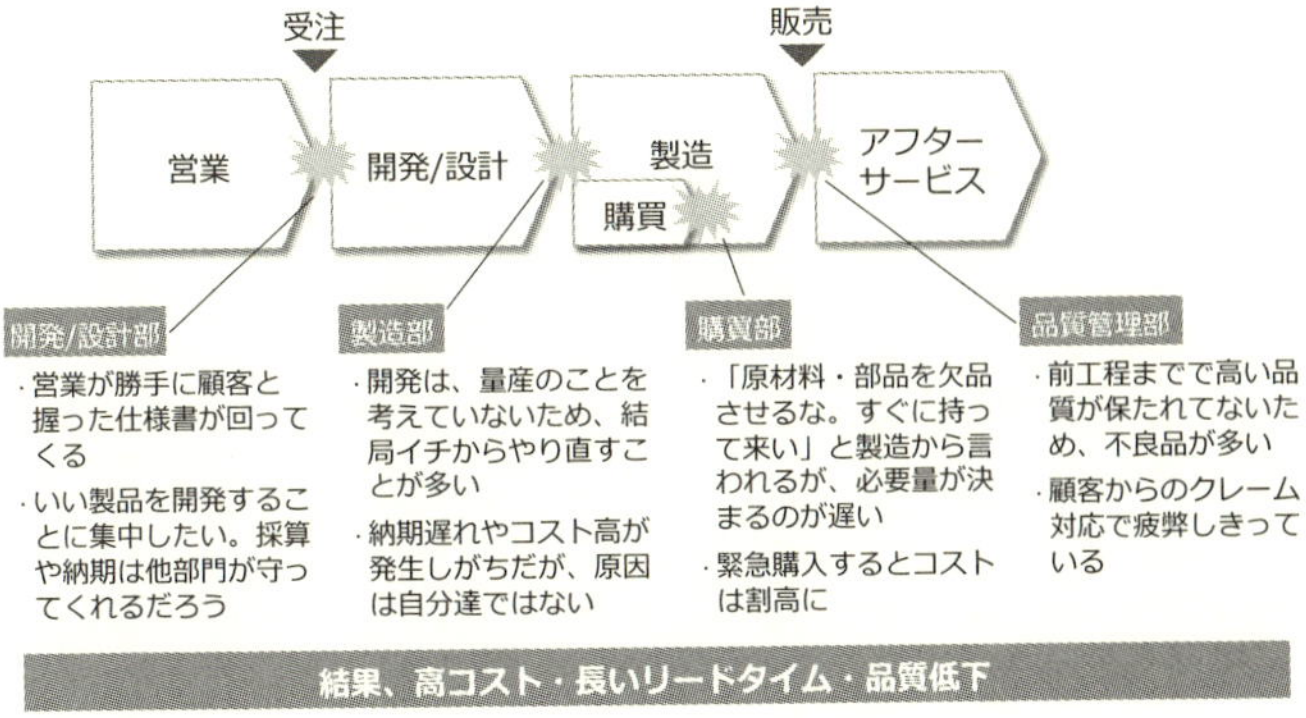

ていきます。更には、部門間の連携がうまくいかない場合は、「別部門が品質をチェックしてくれているだろう」と皆が思い込み、結果誰もチェックしていなかったという所謂〝お見合い〟によるミスが起こりやすくなります。こういったことは、組織で働いていると少なからず経験があるのではないでしょうか。

　こうしてコストが高くなり、リードタイムが長くなり、品質が悪化すると、会社としては致命的です。競合に負けて受注がとれないか、あるいは低価格で受注を取らねばならず、結果として会社に利益に残りません。

　部門間のトラブルは、もちろんメーカーに限った話ではありません。例えば小売においては、購買側と店舗側の連携はなかなかうまくいきません。購買は、欠品を起こさないように・仕入単価を安くしようとたくさんの商品をまとめて買ってくる傾向に。一方で店舗からすると、売れない商品は店に置きたくないので、購買側の意思とは関係なく品揃え・店舗在庫を考えます。結局、購買がまとめ買いしてきた商品は、店舗に置かれることなく売れ残り、倉庫には在庫の山が残ることに。そしてあるとき社長から「この在庫をなんとかしろ！」と怒られて、売れ残った商品を店舗に押し込もうとしてますます関係が悪化（更には売り切るための値引きで利益も悪化！）この繰り返しです。

こういう組織間の壁は、人が集まって組織を作っている以上、どこでも起きうる問題です。しかも、先ほどの小売の例でみられるように、購買と店舗がそれぞれ自部門のミッションと思っていることを追求したにも関わらず、「フタを開けると、会社全体のプラスになっていない・各部門の力を結集できていないこと」がままあります。購買は「欠品させない」「仕入単価を安く」という自部門のミッションに、店舗は「買ってきた商品を沢山売る」というミッションにそれぞれ忠実ですが、これでは永遠に全体最適は実現されないでしょう。

各部門の力を結集するためには、日々の仕事の進め方、そしてミッションやKPIの再定義といった、経営の本質を押さえた仕組みが必要となります。この仕組みの巧拙しだいで、会社は大きく成長することも、逆に業績不振に陥ることもあるので、慎重に設計・構築していくことが求められます。

1―4 問題点④ 将来のビジョンが見えていない・考えられていない

中堅中小企業の中には、目の前の仕事をこなすことに忙しく、今後のビジョンを描けていない会社が非常に多い気がしています。将来像がないため、それに向けた技術開発・マーケティング活動・戦略的な採用や投資はできておらず、今この瞬間は会社は回っているものの、継続的な成長を見込むのが難しい状況です（この場合、会社の成長は運任せ！）。

例えば、下請けビジネスで、顧客からの依頼通りに仕事をこなしながらなんとかやっている場合、足元はある程度の収入が入ってくるので、上手く行っているように見えがちです。ただちょっとした景気変動や顧客の方針変更で、受注が大きく減ったり、値下げを受けざるを得なくなったり、そうすると一瞬にして利益が吹き飛んでしまいます。安定経営・

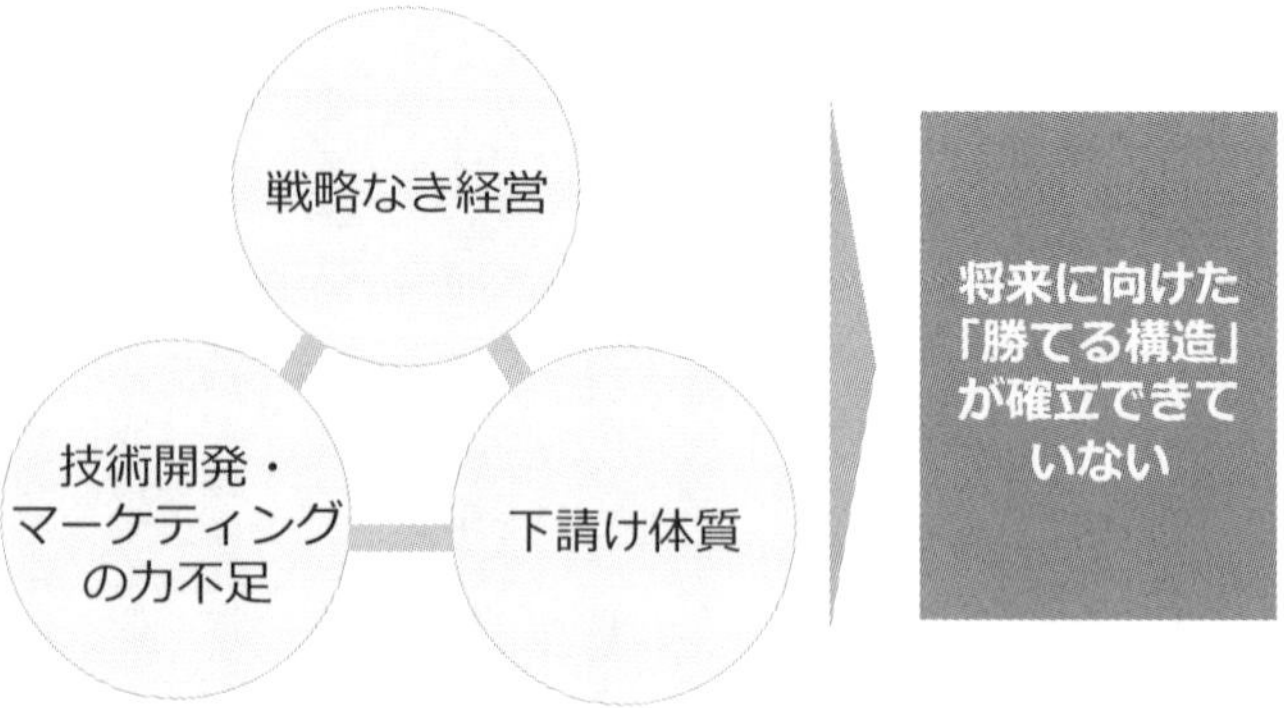

持続的な成長を考えると、将来のビジョンが見えていない・考えられていないことは、とても危険な状態と言えるでしょう。

様々な企業を見てきた中で、原因は3つだと考えています。

最初の原因は、「将来のビジネスについての戦略がないこと」です。〝将来のビジネス〟というと一見、壮大なプランニングや大きな投資が必要なように聞こえますが、ヒト・モノ・カネに限りある中堅中小企業ではそうはいきません。中堅中小企業においては、限られた経営資源を活用しながら、最初は小さくても徐々に将来のビジネスを作り上げていくことになります。

例えば、以前にコンサルしたメーカーは、これまでは大手企業からの下請けだけでなんとか生計を立てていました。社長自身が「自社にできることは製造だけ。将来に向けた活動をする余裕はない」という考えだったこともあり、その会社のビジネスは先細り、将来の姿が全く描けていない状態でした。

この会社では、既に持っていた不動産を活用し、小さく直販店舗を始める意思決定をしてもらいました。その店舗を通じて顧客ニーズを把握し、どういうモノがウケるかの企画力・開発力を鍛えることで、徐々に自身のビジネスを大きくしていったのです。今ではこの直販ビジネスは大きな柱に成長し、それ以上に自ら企画開発できる力が身に付いたことが大きな変革となりました。

なにかを始めた当初は採算も出にくい小さなビジネスとなりがちですが、将来を見据えてこういう意思決定をできるかどうかが、その後の自立や成長を大きく左右します。

2つ目の原因は、「現場の力が弱くなっていること」。特に中堅中小では、マーケティングと技術開発の力が弱くなっていることが多い気がします。マーケティングとは一言で言うと、市場を見据えながら商品を企画し、どうしたら売れるかを考えること。そして技術開発とは、どういうモノをどういう品質でいつ売り出せば、どれだけの利益が出るかを考えることだと筆者は考えています。

これらマーケティングと技術開発の力がないと、「仕事を取ってきて、自社らしいサービスや商品を提供する」という一連の仕事が自己完結できなくなります。目の前には過去からの仕事があるため、将来のビジネスを作るための筋肉を使う機会が少なく、結果としてマーケティングと技術開発をはじめとする筋肉がどんどん衰えていく、という悪循環に入っている会社は多いのではないでしょうか。

最後の原因は、右記2つのベースにあるマインドのことで、「下請けのままでいいという企業体質」です。誤解を恐れずに言うと、新たな努力なしに仕事がもらえる状況に、経営者も従業員も甘んじており、結果的に自分で自分の首を絞めているケースを散見します。

こうした会社では、社内中に下請け体質が染みついてしまっています。ちょっとしたことで利益が吹き飛びかねないという危機感はなく、全員が「今日の仕事は明日も来るもの」と勘違いしてしまうと、前述の「経営者は将来像を描かない」「現場の力はどんどん弱くなる」という問題を助長させてしまいます。

将来のビジョンが見えていない・考えられていない会社では、将来に向けた「勝てる構造」を確立するように動くべきと考えています。本書では、中堅中小企業にとっての「勝てる構造」とはなにか？ どうやって確立していくか？ についても考えていきたいと思います。

2 企業経営の全体像

これまで、中堅中小企業における「よくある4つの問題」について述べてきました。こうした問題を解決するには、表面的な改善ではなく、経営の本質を押さえた打ち手が必要です。表面的な改善だけでは、事態はなかなか好転せず、一つの問題をつぶしてもまた別の問題が出るといった所謂「もぐら叩き」の状態が続きます。そうすると社内には改善疲れの空気が蔓延してしまい、真の問題解決からどんどん遠のいてしまいます。そうならないためには、「企業経営の全体像」を把握したうえで、本質的な改善策を講じることが問題解決の第一歩となるでしょう。

「はじめに」にて、経営では3つのことが大事だと述べました。次に再掲します。

・経営における正しい考え方―正しい経営には正しい考え方が不可欠です。考え方を間違えると、他でどれだけ頑張ったとしても会社全体はゼロにもマイナスにもなってしまいます。経営を執り行う上での真髄を七箇条にまとめました（第二章）。

・盤石な経営の土台作り―「経営の仕組み」と「企業文化」が、成長するためのベースとなります。経営の土台が確固たるものであれば、戦略や業務はその上で確実に働くことでしょう。逆に土台がしっかりしていないと、経営は常に不安定となってしまいます。例えるなら経営の仕組みは、その会社の文明です。文明と文化は切っても切り離せない関係にあります（第三章・第四章）。

・盤石な土台の上にある戦略や機能―「戦略・勝てる構造・事業計画」に加えて、「技術開発・調達／購買・製造」や「マーケティング・営業」といった機能は、前述の「正しい考え方」と「盤石な土台」があるからこそ、その効果が最大限発揮されるようになります（第五章・第六章・第七章）。

この3つを更に分解し、企業経営の全体像として体系化すると、次のように6つの領域に分けられます。

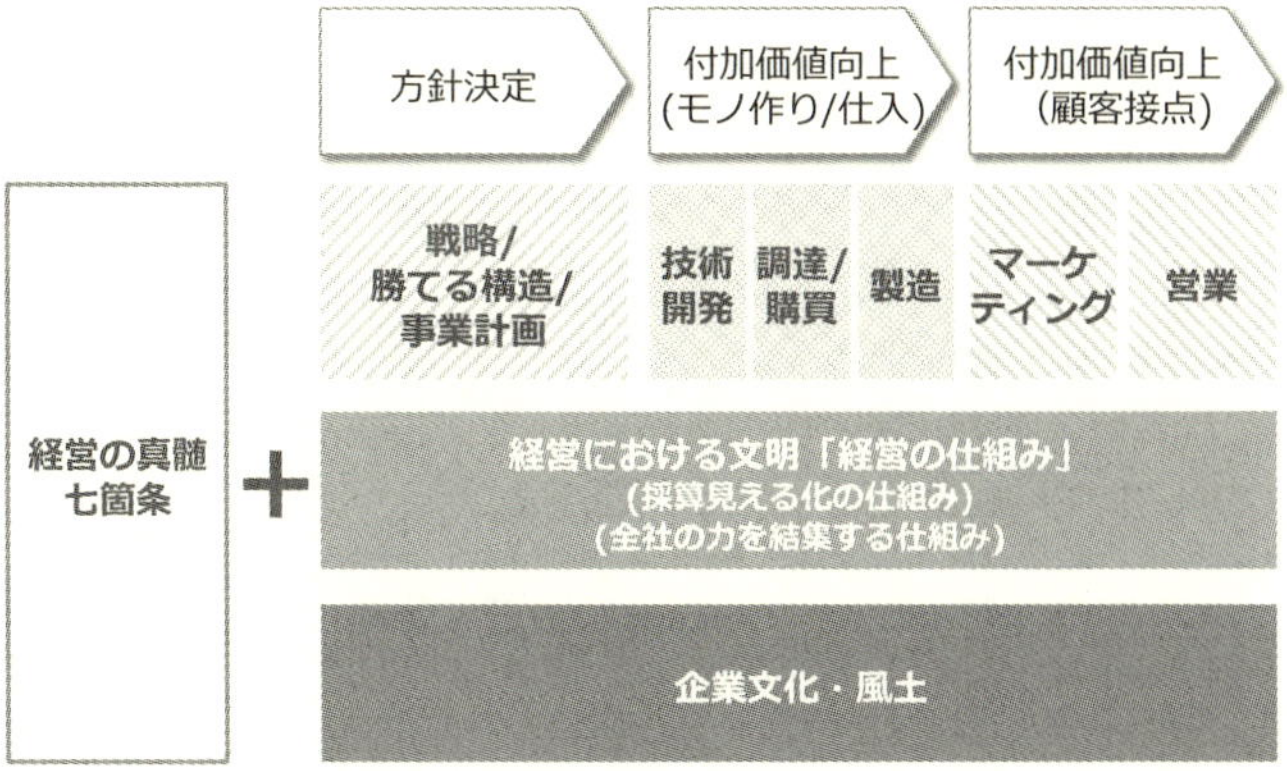

1 経営の真髄 七箇条
2 経営における文明「経営の仕組み」
3 企業文化・風土
4 戦略・勝てる構造・事業計画
5 技術開発・調達／購買・製造
6 マーケティング・営業

経営は、会社の大きな方針に基づき、製造や技術開発で付加価値を上げ、そして顧客接点で付加価値を上げるという大きなプロセスで流れていきます。そしてそのプロセスのベースとなるのが、正しい経営の考え方（経営の神髄）に加え、経営の土台にあたる「経営の仕組み」「企業文化・風土」です。こうしたベースがないと、その上の戦略や各機能はぐらついて上手くワークしないでしょう。例えば、先ほどの「将来のビジョンが見えていない問題」に関しても、「我が社でも戦略を作ろう!」というアクションだけでは会社は変わりません。会社全体に「下請けのままでいいという企業体質」が染みついている場合は、仮に外部専門家を呼んできて立派な戦略を立てたとしても、それが社内で実行されることはありません。戦略を立てるプロセスの中で、同時に企業体質も変えるベース作りをしていく必要があるのです。

次章以降では、6つの領域それぞれについて、経営における本質、及び問題解決に必要なことについて、具体的な事例を交えながらお話していきたいと考えています。

先で述べた4つの問題は、企業経営の全体像においては左図のように位置付けられます。それぞれの問題にどう対応するかについての考え方や事例も、各章にて述べていきます。各章で具体的な話に入る前に、各領域の概要を説明していきます。それぞれの領域の全体観やポイントをまず把握していただくことで、具体的な話がより腹落ちしやすくなるでしょう。

	問題解決に関係する領域					
	経営の土台		土台の上にある戦略・機能			考え方
問題点	経営の仕組み（文明）	企業文化・風土	戦略/勝てる構造/事業計画	技術開発・調達/購買・製造	マーケティング・営業	経営の真髄
①社内が活性化していない	仕組みが企業文化を作る	リーダー/個人の考え方改革	将来像を皆で共有			経営の考え方は全てに関係
②経営状態が、正しく・適切なタイミングで見えない	実態を可視化する経営数値と組織設計	各人が採算改善しようとする体質作り	事業計画ベースで採算とアクションがリンク			
③各部門の力が結集できていない	全社の力を結集するマネジメント	全社の信頼関係構築	皆が目指す方向性を明確にする	現場力の底上げ	現場力の底上げ	
④将来のビジョンが見えていない・考えられていない	ビジョンに向けて実行にする組織作り	下請け体質からの脱却	勝てる構造の確立・現場への落とし込み	現場がビジネスを創る（特に技術開発）	現場がビジネスを創る（特にマーケティング）	

2―1 経営の真髄 七箇条

企業経営には、絶対に押さえておきたいポイントがあります。どんな業界であっても、どんな会社規模であっても、できたばかりの会社でも老舗でも、経営する上で共通して大事なことがあります。経営における考え方が正しくないと、どれだけ良い経営の仕組みを導入しても、良いモノやサービスがあっても、良いヒトが採用できたとしても、自立と成長は難しくなるでしょう。

筆者がこれまでの経営の中で編み出した考え方は、左記の七箇条に整理されます。一見当たり前に聞こえるものもあるかもしれませんが、その本質を理解し、正しく実行しきることは意外と難しいもの。コンサルタントとしてクライアント企業に入り込む際も、こうしたことがどこまで徹底されているかは、最初の着目点でもあります。

一　経営の原理原則に従う
二　全員参加型の経営を実現する
三　誰もが社内を見通せるようにする
四　値決めは経営の最重要業務
五　自分の手のひらの上に仕事を載せられるよう心掛ける
六　リーダーとは、常に理想を持ち、部下と共にその理想を実現しようとする人である
七　リーダーは相反することを常に併せ持つ

なお「経営の考え方」とは言いつつも、この七箇条は社長にとってだけ大事なことではありません。どんな小さなチームであっても、そのリーダーは「チームの経営」をしてい

ます。更には、今は部下がいない人であっても、良い仕事をするには「自分自身という会社をどう経営するか」が大事となります。そのためこの七箇条は、ビジネスを行う全ての方々にとって重要な章となるでしょう。

2―2　経営における文明「経営の仕組み」

会社には多くの人が集まって動くことになるため、考え抜かれた経営の仕組みなしには、会社は正しく動きません。仕事を円滑に進めるための組織・何をすれば認められるのかの評価ルール・頑張った結果が見える会計の仕組みといった「文明」は、後述の「文化」と併せて、経営の土台です。従業員が踏ん張れる強固な土台がなく、ぐらぐらの土台の上に立派なモノを建てようとしている会社は少なくありません。経営の仕組みは、多くの会社が最優先で改革すべき領域だと感じています。

経営の仕組みを構築するメリットは大きく3つです。

①経営マインドが醸成される

各部門の経営数値が見え、各部門が採算に関する権限と責任を持つ場合、その部門におけるビジネスは「経営そのもの」です。自分たちの部門の採算を上げるべく、自ら考え・動くことが、経営マインドの醸成につながります。

②全社の力を結集できる

部門間の連携を上手くマネジメントすることで、「皆が頑張った結果」と「会社の利益」がイコールに近付いていきます。

③社内が活性化され、企業文化・風土に良い影響を与える

詳しくは次の「企業文化・体質」にて述べますが、良い仕組みは皆を動機付け、自発的な行動を促します。結果、社内活性化につながります。

なお、「経営の仕組み」と言うと一般的に、ITシステムや管理会計が思い出されることが多いようですが、そうしたITシステムや管理会計の導入だけでは、経営の仕組みは機能しません。仕組み導入の目的に合致する設計・導入・運用は必須ですし、なによりその仕組みに「魂」を入れられるかどうかが勝負です。

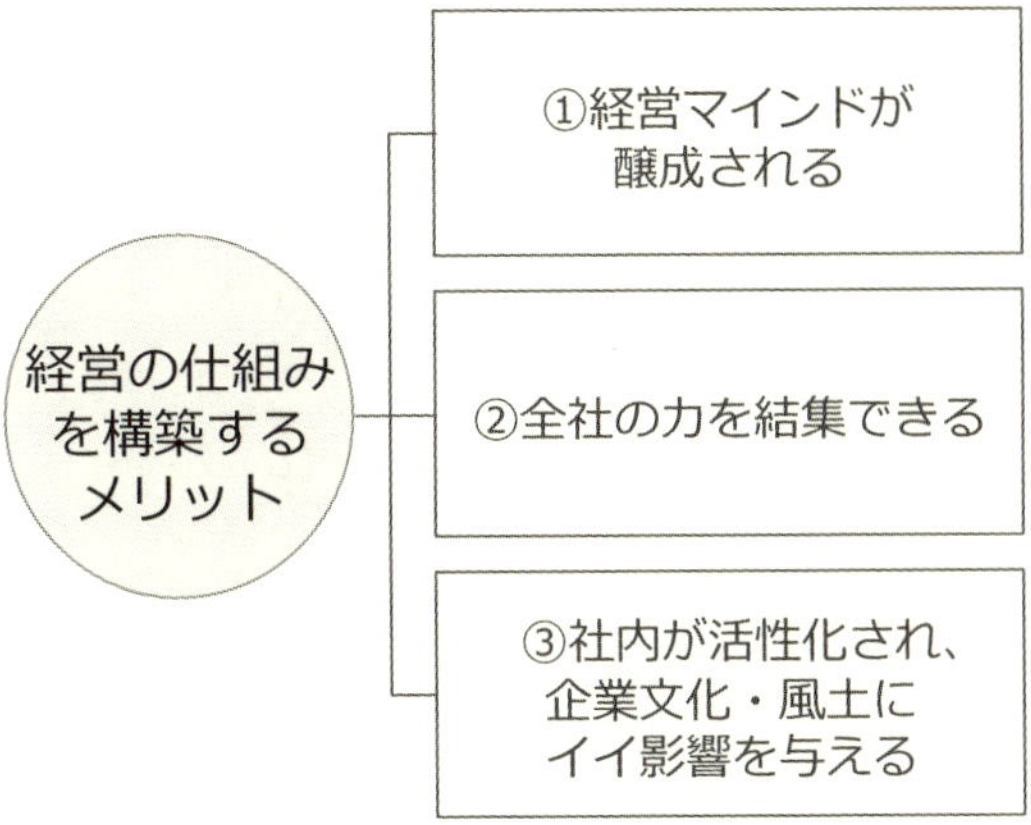

経営の仕組みが上手く構築できていない会社の現場に行くと、「本社からうるさく言われるから、しょうがなくシステムにデータ入力しているけど、実際には使ってないんだよね。システム導入の目的もよく知らされていないし、会社はどうしてこんなことにおカネを使ったんだろう」「管理会計が導入されて採算が細かくレポートされるようになったのですが、正直なところ数値には不満です。共通費の割り振りルールが曖昧だったり、ある部門に有利な数値ですし」といった残念な声をよく聞きます。

第三章では、経営を大きく左右する2つの仕組みにフォーカスし、その設計・導入・運用について詳しく考えていきたいと思います。

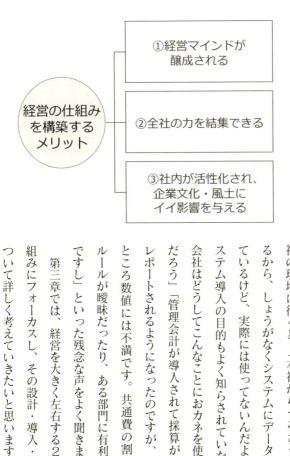

・経営実態を可視化すると同時に、現場がイキイキと自立する仕組み―部門別採算管理
・各部門がうまく連携し、全社の力を結集させる仕組み―コンカレントマネジメント

2―3 企業文化・風土

「問題点①社内が活性化していない」にてお話したように、会社にはそれぞれ独自の文化や風土があり、これら文化や風土が会社の業績を決定付けます。良い文化が根付く会社で働く社員はイキイキと仕事をし、自発的に工夫がなされます。会社のいたる所で改善が進み、いざという正念場でひと踏ん張りでき、お客様にちょっとした配慮ができといったことの積み重ねで、会社の業績は良い方向に向かうことでしょう。

この企業文化や風土の改善は、どの経営者も頭を悩ませるテーマです。筆者は経験上、企業文化や風土の改革アプローチには大きく2つあると考えています。一つ目は「個々人が、仕事に対する向き合い方・姿勢を変えること」、そして二つ目は「経営の仕組みの改革を通じ、企業文化を良い方向に持って行くこと」。

前者については例えば、筆者がコンサルタントとして支援する改革プロジェクトを通じて、参画メンバーのマインドが劇的に変わることがあります。日々の業務とは違う考え方や仕事に触れることで、個々人の考え方や動き方が変わっていくのです。ちなみにコンサルティングを始める際に、社長から「このプロジェクトを通じて社員のマインドを変えてください」というミッションを頂くこともあります。第四章では、リーダーとして・個人として仕事にどう向き合うかについてお話していきます。

企業風土やマインドを会社の「文化」とすると、経営の仕組みは「文明」にあたります。そしてこの文化と文明は、クルマの両輪のように密接に関係していることに着目するのが、先ほど述べた「経営の仕組みの改革を通じ、企業文化を良い方向に持って行くアプローチ」です。

例えば組織体制・評価体系・採算管理の仕組み一つで、会社の雰囲気はガラリと変わります。仕組みが正しく公平なものになると、一部がやる気になって人が変わったかのように活動し始めます。その様子を見て周りも活性化されて動き始める、という良い影響がどんどん広がっていくのです。

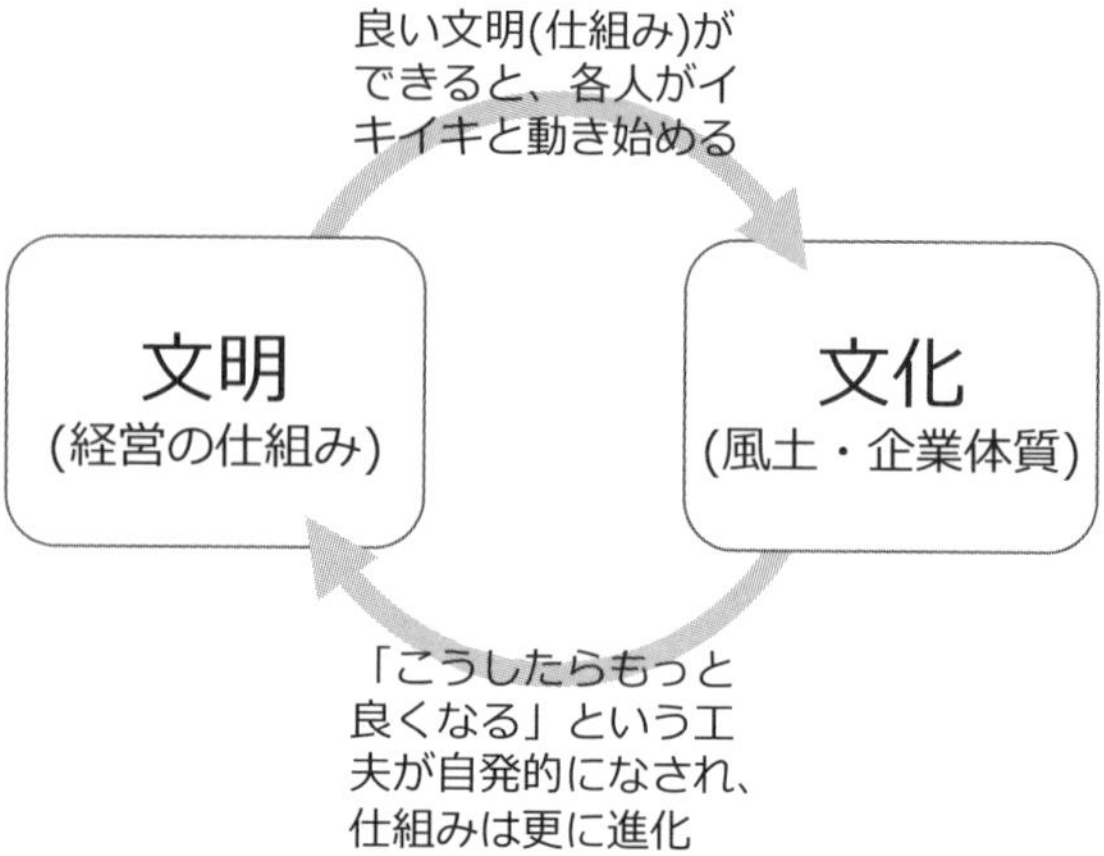
良い文明(仕組み)が
できると、各人がイ
キイキと動き始める
文明
(経営の仕組み)
文化
(風土・企業体質)
「こうしたらもっと
良くなる」という工
夫が自発的になされ、
仕組みは更に進化

ただ多くの場合は、残念なことに逆のサイクルになりがちです。例えば元気のない会社に新人が意気揚々と入社してきても、モノを言えない組織だったり、頑張っても報われない評価体系だったりで、この新人のモチベーションは徐々に低下していきます。そしていつの間にか周りと同じように元気のない従業員になってしまうのです。仮に改善点に気付いても、「声を挙げてもどうせなにも変わらない」「出る杭は打たれるし、大人しくしておこう」と、なんのアクションもとらないまま放置し、陰では愚痴や悪口を言い合って雰囲気がますます悪くなってしまいます。

会社がこうした悪循環に入らないように、文化と文明の双方を改革しながら経営をかじ取りしていくことが社長には求められるでしょう。

2―4 戦略／勝てる構造／事業計画

中堅中小企業で戦略を考えるとき、「ウチみたいな小さな会社には戦略なんていらない」とおっしゃる社長がいます。確かに今日をどう乗り切れるかが勝負という会社にとっては、「戦略より、今日の仕事の方が大事」という気持ちも分からなくはないです。ただ長い目線で見ると、戦略がないと、外部に流されるだけのいわゆる「運任せ経営」となってしまうでしょう。運任せ経営では、外部変化によって利益が一瞬で吹き飛んでしまうなど、経営は常に危うい状態にさらされています。筆者の印象としては、これまでに戦略を考えてこなかったが故に、今日の仕事に振り回されて余裕がなくなっている企業は少なくないと感じています。

そのため、中堅中小企業こそ、将来を見据えた戦略は必須だと考えています。ヒト・モノ・

	中堅中小企業でのポイント	ありがちな失敗例
戦略	将来のビジネスを作るために、何をするか・何をしないかの方針が明確	将来のビジョンが見えていない・考えられていない
勝てる構造	限りある経営資源をフル活用し、自分の手のひらの上でビジネスできる	外部の影響を受けやすい不安定な状態
事業計画	今後の事業展開・目標値がアクションに落とし込まれ、全社で共有。PDCAを回し続ける	計画は従業員には共有されていない。あるいは社外用の「形だけの計画」。計画の振り返りはナシ

カネが限られている中、どこに経営資源を振り分けるか、逆に「どこには経営資源は振り分けないか」の意思決定は、会社の業績を大きく左右するでしょう。

本書では、中堅中小企業の戦略として、大企業とは異なる戦い方について考えていきます。大企業であれば、市場規模やシェアといった話を含めて、将来の業界像を描き、あるいはマーケットそのものを作り出すためにはどうすればいいか考える必要がありますが、中堅中小企業においては別の視点が必要です。

中堅中小企業における戦略のポイントは、「自社の勝てる構造を確立すること」です。「勝てる構造」を確立するとは、「限りある経営資源を活用し、他との差別化を明確にしつつ自立したビジネスができるようになること」。こうした「勝てる構造」を確立することで、外部の影響を受けにくくなり、景気や仕事の波に対しても安定した経営ができるようになるでしょう。「勝てる構造」を作るためのポイントは、どんなに小さくてもいいので「イノベーションを起こす」こと。イノベーションの対象は、売りモノ・売り方・作り方・サービス提供方法となんでも構いません。何か一つでも新しい工夫や付加価値を生みだすことが、「勝てる構造」のきっかけとなるのです。

こうして戦略を立案した後に必要となることは、全社一丸となって実行できるように、具体的な事業計画に落とし込むことです。今後の事業展開をはじめ、目指したい目標数値や各部門のアクションまで、これから数年先の計画を網羅しているのが事業計画です。

事業計画に関してよくある間違いは、経営者と幹部だけで計画を作って社員に知らせていないケースや、もっとひどいのは、株主や金融機関に提出するためだけの事業計画を作っているケース。こうした場合は残念ながら、その計画が達成される可能性は非常に低いと言わざるを得ません。どこを目指すのか聞かされていない社員に、計画実現に向けた努力・

アイデアを期待することは無理な話です（ただ実際には、計画を周知していないのに、「ウチの従業員はダメで」とぼやく経営者がいかに多いか！）。

更に事業計画について大事なことは、「計画を作って終わり」ではありません。会社をとりまく状況は刻一刻と変わり、だいたい計画通りにはいきません。そのため、計画と実績とのギャップに常に目を配り、ギャップが出た場合には高速かつ精度高く軌道修正できるかが最大のポイントです。このPDCAを回すレベルの差が、会社の実行力の差に直結しているような気がしています。

2―5 技術開発 調達／購買・製造

あらゆるビジネスは付加価値を高めるために存在しています。逆の言い方をすると、付加価値を高めない事業や部門があるとすれば、それはビジネスとは言えません。

例えばメーカーであれば、技術開発した製品について、材料を調達してきて製造し、そのうち品質基準を満たすモノが出荷されていくというプロセスをとることが一般的です。

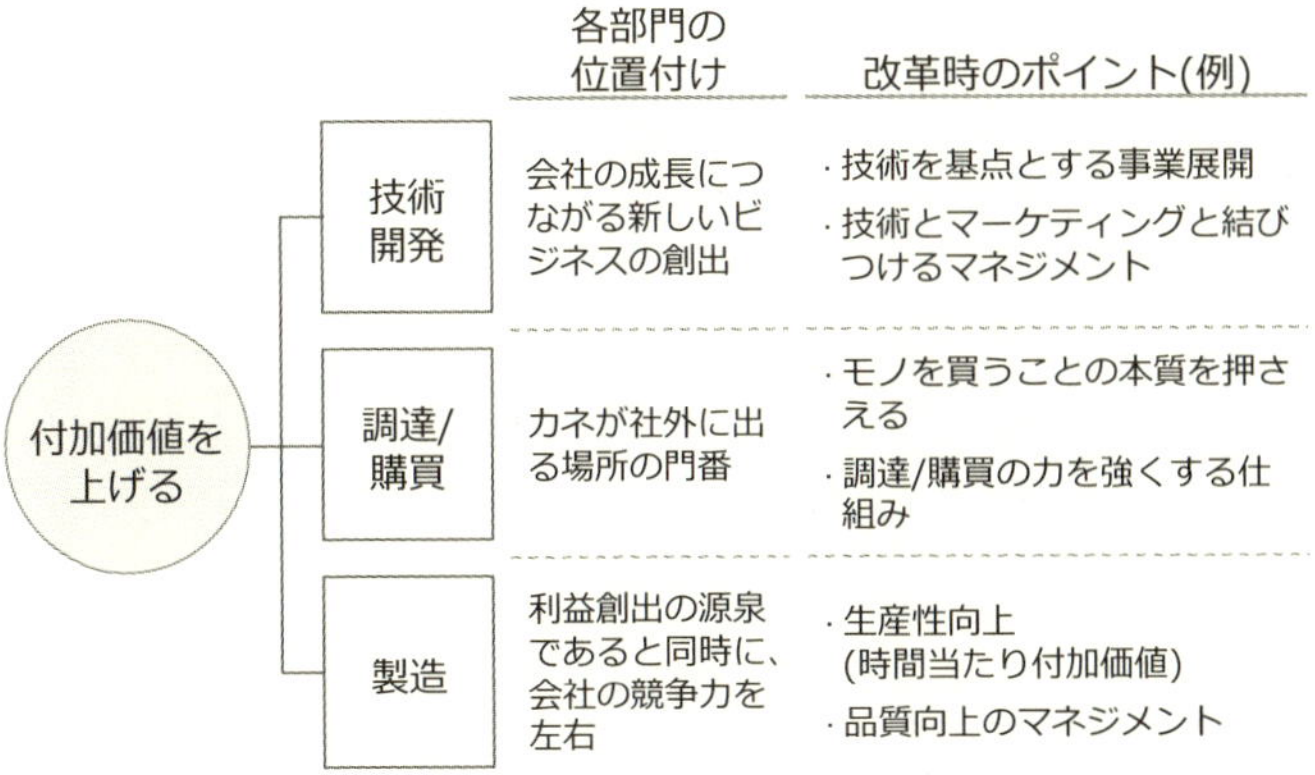

この一連の流れにおいては、開発や製造だけではなく、全ての仕事が付加価値向上のプロセスとなるのです。

なお、小売や卸売における基本的な付加価値は、顧客が求めるモノを調達し、適正価格・適切なタイミングで売ること。更に最近の小売は、より良いモノを顧客に届けようとして、自社で商品開発したり、生産にも深く関与したりと、いかに付加価値を高めるかに各社はしのぎを削っています。

強いと言われることの多い日本企業の現場でも、根本的に改革すべきところがたくさんあるような気がしています。技術開発・調達／購買・製造の3つに分けてそれぞれ見ていきましょう。

■技術開発

技術開発の最大の仕事は「会社の成長につながる新しいビジネスの創出」にあります。ただ実際には、多くの中堅中小企業でこれができていません。素晴らしい技術があるにも関わらず、経営の方向性と技術の方向性が合致していないために、宝の持ち腐れ状態になっている会社をよく見かけます。既存製品の改良が技術開発の主業務となっており、新しいビジネスを創ることとは遠くかけはなれているケースが多い、というのが実感です。

中堅中小企業においては特にヒト・カネに制約があることが多いのですが、会社の成長のためには、技術開発への注力は避けては通れない道です。本書では、技術を基点とする事業展開、そして技術開発とマーケティングを結びつけるためのマネジメントの在り方を模索していきたいと思います。

■調達/購買

調達や購買は、カネが外に出ていく場所を担う部門であるため、利益を決定付ける重要部門です。筆者自身がかつてメーカーの事業部長として事業運営していた頃、注力の割合は営業3、調達/購買3、技術2、製造2くらいでした。それくらいに調達/購買は、利益創出の要となる部門です。

調達/購買の仕事でよくある勘違いは、「たくさん買ったら、これだけ単価が安くなります」というものですが、これは調達/購買の仕事ではありません。たくさん買えば安くなるのは当たり前で、いわば誰でもできることです。調達/購買の仕事は、同じ条件の下でどれだけ安く・いいモノを買えるか。このポイントを決裁者はよく見るべきです。仕入単価が安くなることにつられてたくさん買ってしまうと、結局は在庫が残ってキャッシュフローを圧迫したり・廃棄が出てトータルで見ると高い買い物になったという話はよくあります。経営の仕組みとして見直すことで、会社の調達/購買は劇的に強くなるでしょう。

■製造

製造は「ただモノを作る部門」ではありません。利益創出の源泉であると同時に、会社の競争力を左右する部門です。製造におけるポイントは様々ありますが、本書ではDelivery にあたる「生産性向上」と Quality にあたる「品質向上」について触れていきます。

「生産性向上」の取り組みは、多くの工場で取り組まれていますが、生産性向上が採算向上に直結していないケースを散見します。生産性向上の基本は、生産性を可視化しつつ、ボトルネックを解消して「時間当たり付加価値」をいかに高めるかにあります。業界によって一部応用が必要なこともありますが、突き詰めて考えると非常にシンプルです。

「品質」は会社の命です。顧客は目の前の一品でその会社を評価し、良い品質のモノであれば将来の売上に結び付きますし、逆に悪い品質では顧客はすぐに離れていってしまいます。更に、不良発生時のやり直しやクレーム対応等は大きなコスト負担となるため、品質一つで会社の利益は大きく変わります。品質向上におけるポイントは、「品質は現場でしか作れない」ということ。本書では、現場における品質の作り込み方や、品質マネジメントの手法を紹介していきます。

2―6 マーケティング・営業

社内で付加価値を上げた後は、自社の製品やサービスを顧客に知ってもらい、顧客に

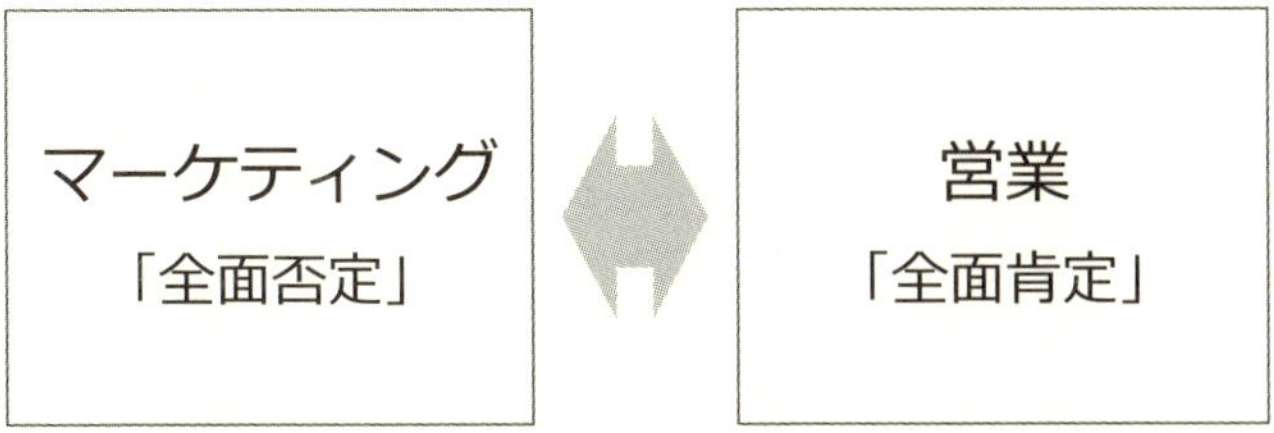

仮に今日は売れていたとしても、明日も売れる保証はない。明日売れなくなるかもしれないことを想定し、今できることを考える

今のモノやサービスに悪い点があったとしても、それでも顧客にどうアピールするかを考える(悪い点は客観的に把握し、次の開発に生かす)

買ってもらうプロセスが待っています。いい製品やサービスを作っても、売り込むことに苦手意識をもってアクションをとらなかったり、売り方を間違えたりすると、やはり売れていかないのが世の常です。

この活動を推進するのが、マーケティングと営業です。ここでまず強調したいのが、「マーケティングと営業は大きく違うこと」です。一言で言うと、マーケティングは「全面否定」、営業は「全面肯定」です。マーケティングでは、今売れているモノであっても明日売れる保証はないことを想定し、今どんな手を打つかを考えることがミッションです。一方で営業の仕事は、悪い点があったとしても、それでも顧客に良い点をアピールすること。「ウチの製品は高くてライバルにも負ける。こんなモノが売れるか」と、売れないことの言い訳ばかりを言う営業担当がたまにいますが、これは本来の営業の仕事とは真逆です。悪い点は客観的に分析して次の開発に活かすためのインプットとなりますが、営業として今あるモノを売るためには良い点に光を当て続けるべきです。

第七章では、こうしたマーケティングと営業の違いも明らかにしながら、それぞれの本質と改革方法について触れていきたいと思います。

なお、日々感じるのは、営業やマーケティングは今なお、勘・経験・度胸が過度に重視され、営業担当の個人的なスキルに依存しているということ。筆者の経験上、中堅中小企業における営業やマーケティングも、データ分析・統計・ITといった科学的アプローチでもっと高度化できると考えています。そうは言っても、ただなんとなく一人一人にタブレット端末を持たせるとか・スケジュール管理ソフトを導入するといったことではあまり意味がありません。第七章では、会社の状況や課題に合った営業の進化に関する事例も紹介していきたいと思います。

▼第二章▲

経営の真髄　七箇条

筆者の考える「経営神髄七箇条」を改めて掲げます。これはどんな業界の会社でも、あるいはどんなステージの会社でも共通して大事になる経営の本質です。第二章ではそれぞれについて詳しく見ていきたいと思います。

一　経営の原理原則に従う
二　全員参加型の経営を実現する
三　誰もが社内を見通せるようにする
四　値決めは経営の最重要業務
五　自分の手のひらの上に仕事を載せられるよう心掛ける
六　リーダーとは、常に理想を持ち、部下と共にその理想を実現しようとする人である
七　リーダーは相反することを常に併せ持つ

1　経営の原理原則に従う

経営の原理原則は、経営判断における軸にあたるものです。次に示す五つの原理原則は、

筆者がかつての勤務先で叩き込まれた後に、自身の企業経営やコンサルティングの中で実践的に使いながら特に大事だと考えているものです。

一見すると当たり前に見えるものもありますが、多くの会社ではこうした原理原則は徹底されていない印象を受けます。原理原則が徹底されてないとその場しのぎの経営になってしまい、判断を見誤ったり、現場が混乱したり、と経営が上手くいきません。筆者自身もこれまでに多くの業績不振企業を見てきましたが、業績不振の原因が「原理原則を徹底していないこと」であるケースはかなり多いと見ています。戦略がどうとか、新商品がどうとか、外部環境がどうとかを語る以前の問題であることも少なくありません。

・本質追及の原則――経営においては、常に「物事の本質」を見るように心掛けるべきです。本書でも触れていきますが、戦略・営業・マーケティング・製造・調達・技術開発・値決め・採算管理等にはそれぞれ、絶対に押さえるべき本質があります。この本質を押さえることなく、表面的なことだけを理解し、流行りの経営手法を追うばかりでは、正しい経営を継続することはできません。成長し続ける強い企業を見ていると、意識的あるいは無意識的にこうした経営の本質に則った経営がなされているように感じます。

・完璧主義の原則―物事は通常、完璧にしようとしても100%にはなりません。ただ、業績不振企業において目立つのが「ミスをしても直せば済む。謝れば大丈夫」と初めから思っている社員の多さです。最初からこういったマインドでは、仕事の品質やレベルは決して上がりません。完璧な仕事を目指そうとする姿勢があってこそ、個人としても会社としても成長が期待できるのです。

なお完璧を目指そうとして自分の中で理想を強く抱いていると、問題の兆しや間違いが違和感として目に飛び込んでくるようになります。筆者が会社経営において経営数値を見る場合には、「現場の状況を勘案すると、今の数値はこうなるはずだ」というイメージが常に頭の中にあります。そうすると、誰かが作った帳票のミスをすぐに指摘することができますし、現場のヒト・モノ・情報の動きを目にするだけで問題にすぐに気付くことができるのです。

・ダブルチェックの原則―前述の「完璧主義の原則」に基づいて完璧を目指そうとしても、ヒトは間違ってしまう生き物ですので、ミスは必ず発生します。調達の例で言うと、モノを買う行為はキャッシュアウトに直結しますので、ミスの影響は計り知れません。こうした影響が甚大な業務に関しては、ダブルチェックが有効です。発注数を入力した担当とは別のヒトによるダブルチェックを通じて、発注数や条件等が間違っていないかを確認し、無駄なキャッシュアウトを未然に防ぐ必要があります。

なおこのダブルチェックの原則に関しては、これ以上に大切なことがあります。それは「牽制機能」です。先の例で挙げた調達は、欠品を極端に恐れる部門です。そのため、欠品させないように余分にモノを買って不良在庫化することも少なくありません。モノを買うことを決める部門と、モノを実際に買う部門を分けることによるダブルチェックが、こういった「余分な発注」の回避につながります。なお筆者の知る優良メーカーでは組織上、製造がモノを買うことを決める部門で、実際にモノを買うのは調達です。ただ、製造が所属する事業部の中には調達は存在していません。責任者を明確に分けるために、調達は管理本部に所属し、牽制機能が確実に働くようにしています。

・採算性向上の原則―経営における採算向上は、「売上を最大に、経費を最小に」にて実現されます。一見すると当然ですが、色々な会社を見る中でよくあるのは「売上を増やそうとして、経費もそれ以上に増える」という話です。

こういう事態に陥ることなく採算性を高めるために大事なことの一つは、「全社を挙げて採算を高める努力を継続すること」だと考えています。例えばコスト削減プロジェクトのような形で「コスト削減だ！」と社長が叫んでも、その場ですぐに見つかるコスト削減では本質的な改善につながらず、削減したつもりでも真因が解決されずにすぐに元通りというケースをイヤというほど見てきました。

採算向上を実現するには、社長を含めた全員が定常的に取り組んで工夫を続けるべきものだと考えています。「ムダを徹底して撲滅しよう」という現場のマインドであったり、採算が常にチェックできる採算管理の仕組みであったり、戦略的にライバルに差をつけて利益確保できる勝てる構造であったり…と、採算を高めようとする「意識」と「取り組み」が全社ベースで徹底されている必要があります。

・一対一対応の原則──採算を高めるには、採算そのものが見えなければ話は始まりません。ここで重要となるのが、モノとカネと伝票を対応させることです。モノを買う・作る・売るといったあらゆるアクションには必ずカネが動きます。そしてモノやカネが動いたら必ず、それに対応する伝票を発行するということの徹底です。

多くの会社で徹底されていない例としては、売上や生産時の伝票発行、そして各生産にかかった費用対応が挙げられます。これができていない会社では、「生産額」や「製造の付加価値・採算」を把握することができないため、採算を向上しようとしても暗闇を手探りで進むような改善を進めるしかありません。例えば製造の採算を向上させようにも、現状値が分からなければ、目標値も分かりません。今の改善活動で十分なのか、焼け石に水なのかも分からないままでは、誰もやる気を出さずに早晩改善が止まってしまうことは火を見るよりも明らかです。モノとカネと伝票の一対一対応は会計の話のようですが、会計を超えた「経営そのもの」につながる原則なのです。

2 全員参加型の経営を実現する

「全員参加型の経営」、つまり全員が各自の役割を果たしながら経営に関わることは、安定した利益創出のためには必須です。社長一人が孤軍奮闘しているだけで、振り返ると誰もついてきていない、といったケースは数多くあり、そうした会社は一定規模で頭打ちとなりがちです。社長があれやれこれやと指示を出せる範囲内であれば会社は回っていきますが、会社が大きくなって社長一人で見ることができなくなったり、社長自身の気力や体力が落ちてきたりすると、途端に会社は上手く回らなくなります。

たまに「ウチの従業員はレベルが低くて…」と愚痴を言う社長がいますが、これは「天に向かって唾を吐いている」ようなもので、結局は自分に返ってきてしまいます。こういったことを口にする社長は従業員のことを信頼していません。こうした社長の気持ちは驚くほど正確に従業員に伝わってしまい、従業員の心はどんどん離れていってしまいます。そうすると皆が社長に情報を共有しなくなり、コミュニケーションの頻度が下がり、社長からすると「現場の状況が見えない！　何を考えているのか分からない！」となってますます両者は離れていってしまうのです。

筆者の考える「全員参加型の経営」のポイントは、「会社という大きな枠組みの中で、各自がそれぞれの役割を果たす」こと。全員が〝社長のように〟ふるまう必要はありません。会社を上手く回すためには当然、縁の下の力持ちも必要です。ただ縁の下の力持ち的な仕事であったとしても、「各人が目の前の仕事をただやるだけなのか」、あるいは「経営的に意義あることと思って取り組むのか。会社に少しでも貢献しようと本気か」によって、天と地ほどにその差は広がります。

例えば商談に来たお客様にお茶を入れるという一見シンプルな仕事であっても、「お茶を入れるという仕事を通じて、お客様に喜んでもらおう。商談がスムーズに進むようにサポートしよう」と考えられるかどうか。ヒトの心は偉大です。自分が経営に参画しているという意識があるだけで、日々の考えや行動が劇的に変わります。

こうしたマインドをベースとしつつ、全員参加型の経営を実現できている会社では、「売上を最大に、経費を最小にして、利益を極大化する」を各人が達成しようと日々努力しています。実際、日々の業務はこれを実現するための活動です。ただ多くの会社では、本来の目的から外れたことをして、無駄なことに時間を取られていることも多いものです。

例えば製造は、モノさえ作っていればいい訳ではなく、生産性を上げ・製造経費を下げることを通じて、製造としての利益を創出せねばなりません。営業も、売上だけを追うのではなく、1円でも多く儲けるためにどこまで考え抜けるかが勝負となります。各現場がこうした考えを徹底して実行できている会社は、本当に盤石だと感じます。

この「全員参加型の経営」のために必要なことは大きく2つ、「力を結集するための仕組みの構築」と「相互に信頼しあえる土壌作り」。それぞれについては第三章と第四章で詳しくお話していきたいと思います。

3 誰もが社内を見通せるようにする

第二箇条でお話した「全員参加型の経営」を実現するためには、誰もが社内を見通せる

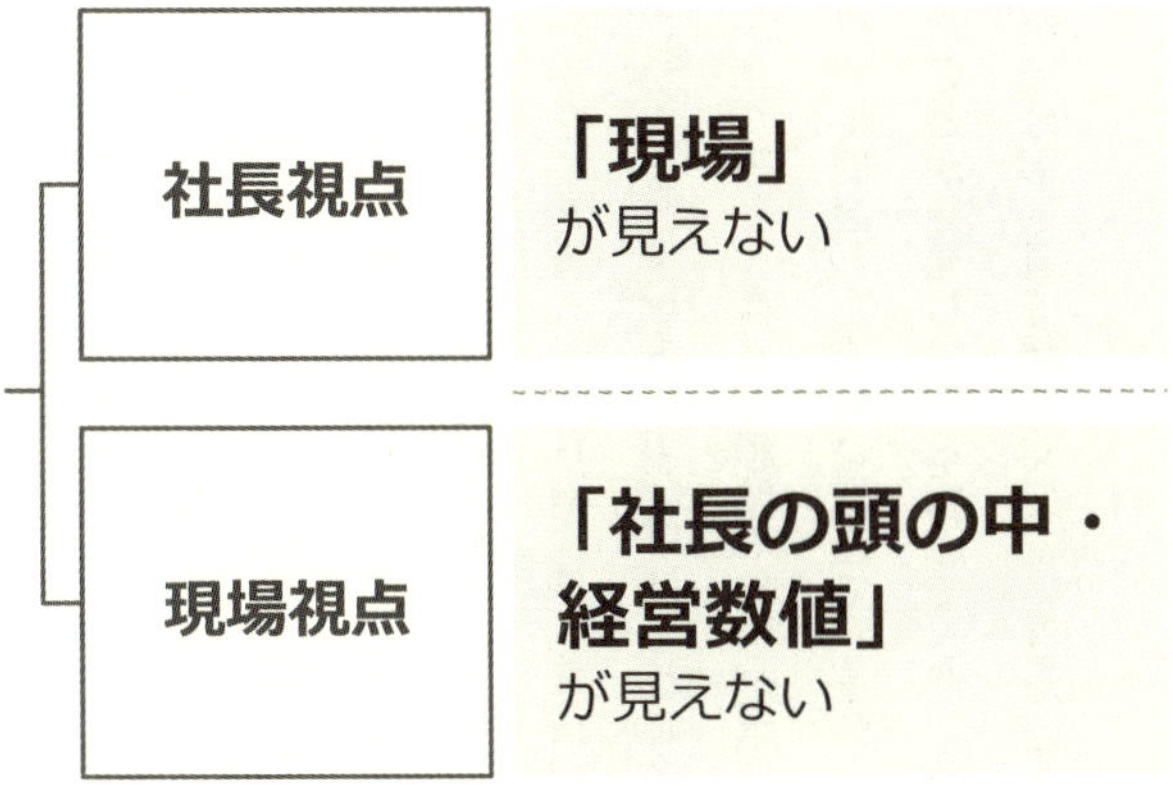

ようにすること、逆の言い方をすると「社内の見えないこと」をなくすことが第一歩となります。現場の視点に立った時に、多くの会社で見えにくいことは大きく2つ「社長の頭の中」と「経営数値」です。

前者の「社長の頭の中」の代表格は、会社方針です。社長はいつも社長室にこもって何を考えているか分からない、あるいは社長は社内におらずどんな仕事をしているか見当もつかないといったことはよくある話です。

後者の「経営数値」については、各部門の売上・利益といった経営数値を現場が把握できない会社は多いもの。あるいは、自部門の経営数値は分かっているものの、社長室や経営企画室といった何をやっているか分からない部門の経費がどんどん割り振られるといったことが安易に行われると、現場としては真剣に採算を追求する気持ちがそがれてしまい、次第に手を抜くようになってきます。

ある会社ではこんなことがありました。この会社では「社長の頭の中」と「経営数値」の両方が、従業員からは見えにくい状態が続いており、従業員が拠り所となるのは断片的に見聞きする「社長の言動」だけという状況でした。例えば社長が「経費削減の余地はないか?」と言うと、社内では「社長があぁ言った背景は、業績が苦しいからではないか?」「我々の給与にまで手が付けられるのでは?」、延いては「この会社は危ないんじゃないか?」等と、様々な想像や妄想が駆け巡っていきました。この件に限らず、現場は推測で動いて間違った方向に進んでしまい、後で問題が顕在化して初めて社長が気付く、といったことが頻発している状態でした。前者の「社長の頭の中」は第五章で、後者の「経営数値」は第三章で詳しく見ていきたいと思います。

さて、「社内の見えないこと」には、こうした現場視点とは逆の、社長視点での話も重要です。筆者は「社長は、社内の誰よりも現場に詳しくないといけない」と考えています。現場で何が起こっているかに常に注意を払い、その場その場で最適な意思決定をしていく必要があります。

とはいえ実際には、社長が現場につきっきりという訳にはいきません。その際に重要となるのが「現場のことを正しく表す経営数値」です。数値の変化から現場の変化を敏感に読み取れるようになるには、どういう数値をどう見るべきかの話から始まり、実際の経営数値をモニタリングし続ける必要があります（この辺りの経営数値の妙については第三章にて）。

4 値決めは経営の最重要業務

本書冒頭で述べたように、「値決めは経営の最重要業務」です。というのも、正しく値決めをするためには、マーケットの状況や競合情報を押さえると同時に、いくらで作ることができるかという自社のことを理解していないといけません。これは経営そのものであ

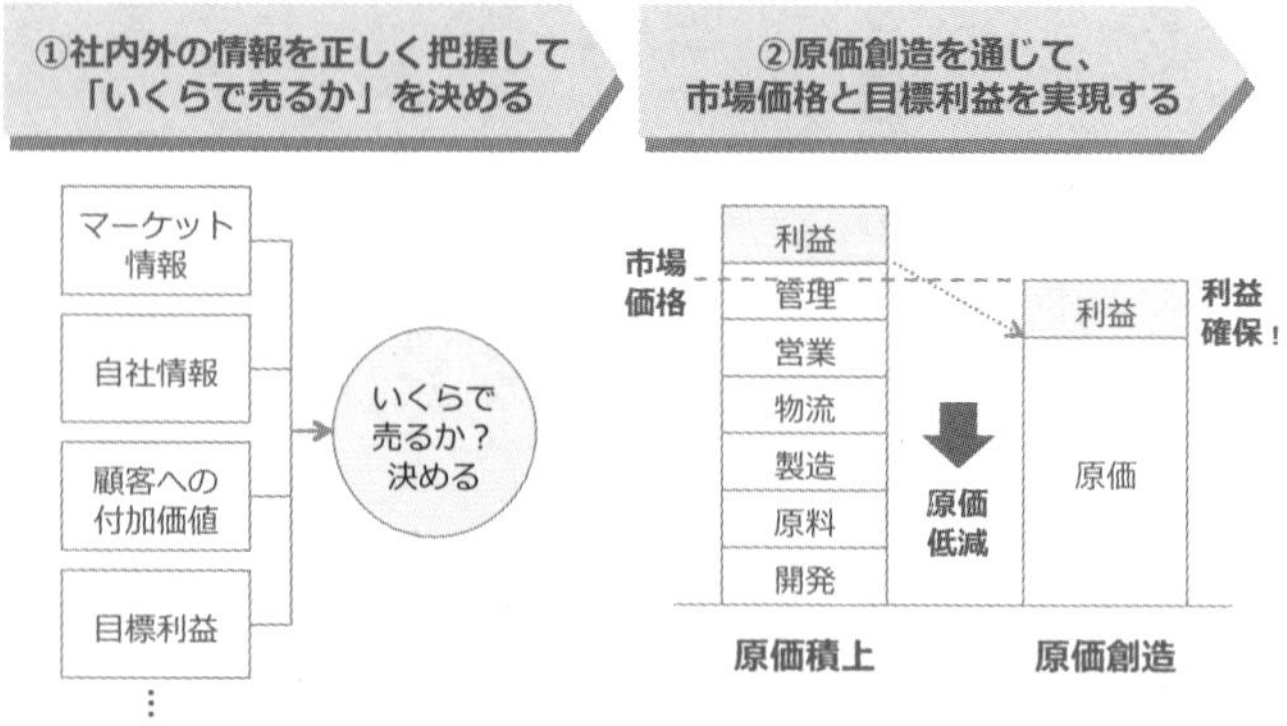

り、会社に利益を残すためには値決めが非常に重要です。

ただここで注意したい点があります。右記の通り、値決めでは社内外の情報を正しく把握して「いくらで売るか」を決めることが重要ですが、これは値決めの第一歩です。筆者の考える「値決めの本質」は、値決め段階で利益を確保すべく全社で考えることにあります。

費用と目標利益を積み上げて見積もりをする場合、市場価格にミートしないことがありますが、その時にこの「値決めの本質」が重要な意味を持ちます。この場合、経営としてあるべき考え方は、市場価格と目標利益を固定した上で、「市場価格—目標利益」の範囲内で原価を収めるべく全社を挙げて原価低減に取り組むというものです。

筆者はこれを「原価創造」と呼んでいます。市場価格にミートしない場合の原価創造の第一歩は、「市場で売るためにはどれだけ原価低減する必要があるか」を明確化することです。ここで多くの会社がつまずくのが「原価の定義」です。正しく原価をとらえられていないと、目標を見誤ってしまいます（そもそも、原価が把握できていないと正しい見積もりすらできません！）。何年も前に決めた標準原価をそのまま使っているケースもよく見受けられますが、材料単価や製造経費、そして前提とする工場稼働は流動的に変わるため、今製造すると「1個当たりいくらか」になるかは、細心の注意を払って把握する必要があります。リアルタイムではないにせよ、半年～数ヶ月毎に原価構造を見直していきたいところです。

こうして「どれだけ原価低減するか」を把握した後は、製造をはじめ調達・技術・間接部門も含めて全社の力を結集するステップに進みます。メーカーにおいては、原価における製造の割合が高いために、製造の改善余地が大きいとみなされがちですが、他部門との連携が必須です。よくある失敗例としては、技術が努力して素材を安いものに切り替えたが、その素材は量産しにくく、結局は製造での調整工数が発生するといったような部門またぎの失敗です。この辺りの部門またぎの視点は、現場だけでは抜け落ちることが多いので、社長をはじめとする経営陣が全体を俯瞰しながらマネジメントしていく必要があります。そういった意味で値決め・原価創造は、特定部門の話ではなく、経営を巻き込んだ全社を挙げた活動と言えるでしょう。

一方でよくあるのは、営業が勝手に値引きして受注したり、目標利益を減らして受注をとってしまうことです。これらは経営的には言語道断です。受注時は一見喜ばしいことのように思えますが、利益を確保するための手が打たれることなく、蓋を開けると「結局は利益が残らない」「赤字受注となって、多忙にも関わらず儲からない」という事態に陥ってしまうのです。いくらで売るかを決めるのは営業の仕事ではありません。経営の仕事です。

ちなみに筆者が事業部長を務めていた大手メーカーでは、新製品の値決めは社長の決裁事項でした。市場価格にミートしているか、目標利益を確保できているか、そして目標原価で本当に作ることができるのかといったことを精緻に詰めていきました。こうした細かいことの積み上げが、会社全体の大きな利益につながっていくのです。

5 自分の手のひらの上に仕事を載せられるよう心掛ける

ビジネスにおいては、自分がコントロールできる状態に物事を置いておくことが重要です。そうした状況を筆者は「自分の手のひらの上に物事を載せておく」と呼んでいます。

自分の手のひらに載ってないビジネスは不安定かつ利益率は低くなってしまいます。イメージとしては、下請けビジネスや、流行に乗っかっただけのビジネスがこれに当たりますが、第一章でも述べたように、中堅中小企業においては、「将来のビジョンが見えていない・考えられていない」状態は先行き不安でしかありません。

中堅中小企業がビジネスを自分の手のひらの上に載せることとは、自社にとっての「勝てる構造」を作り上げることに他なりません。とは言え、いきなりそうした状態を作り上げることは困難ですから、徐々にでも自社の勝てる構造を構築していく努力が求められます。勝てる構造については第五章にて詳しくお話していく予定です。

ちなみに個人の成長という観点でも、この「自分の手のひらの上に仕事を載せられるヒト」は、大きく成長していきます。手のひらの上に仕事を載せられている状態とは、ある領域の仕事を任せてもらっている状態です。仕事の大きさには関係なく権限と責任を持ち、自分自身で段取りを考え、リスクを想定しながら最後の責任をとる姿勢を貫くことは、そのヒトを大きく成長させます。逆に、上司の言われたことだけ「はいはい」とやるヒトは、いつまでたっても自分で考える力・自立する力がつかないためになかなか成長していきません。そのためリーダーが果たすべき仕事は、各メンバーが自身の手のひらの上に仕事を載せられている状態を作り上げることとなります。これこそが人材育成のキーポイントとなるでしょう。

6 リーダーとは、常に理想を持ち、部下と共にその理想を実現しようとする人である

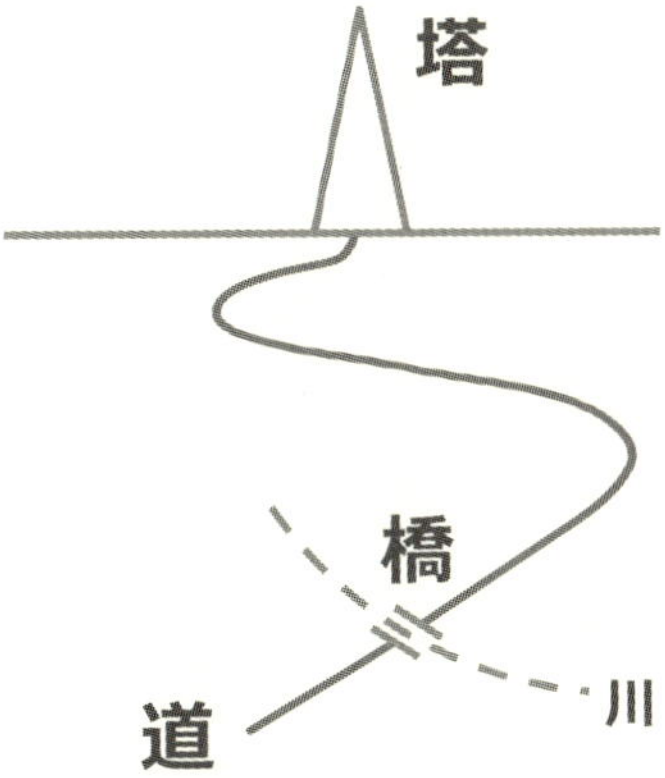

筆者の考えるリーダーは「理想を持ち、部下と共に理想を実現しようとする存在」です。例えば、メンバーに「あの人がそう言うならできそう。やってみよう」と思わせられるヒトが、リーダーたるヒトだと言えるでしょう。

あるべきリーダーの姿をよりクリアにイメージして頂くため、「塔と道と橋」の例えで説明したいと思います。

・塔―リーダーの掲げる理想や目標は、言うならば「塔」です。遠くからでもはっきりと見えるような高い塔を掲げることが必須です。「あの塔までみんなで行こう。遠くにあるように見えるかもしれないが、目標ははっきり見えるはず。あそこに行くんだ」と、メンバー全員に目標を認識してもらうことが第一歩です。ここが曖昧になると、チームは動くことができません。誰も「ゴールのないマラソン」を走り続けることはできません。

・道──目標を掲げた後に、リーダーがすべきは目標に到達するための「道」を示すことです。目標までの道のりが長過ぎるとチームはモチベーションを下げがちです。そんな時にも、どうすれば到達できるかの方法や、チームメンバーが達成できそうと思える雰囲気作りが必要となります。

筆者がメーカーで働いていた時も、世界初の製品を短期間で開発するという、今思うととんでもなく難しいミッションに取り組んだことがありました。当時のメンバーは「こんなの無理ですよ…」といった雰囲気だったのですが、完成に向けた具体的方法だけではなく、試作機が出来たらみんなを集めて動く様子を見せて盛り上げ、完成したらとてもすごいことだと将来のイメージを語り続けるなどして皆を動機付けし続けました。

・橋──目標に向けて仕事を進めていると、必ず発生するのが様々な問題や障害です。例えるならば、「道」を歩いていると目の前に、「問題という名の川」が現れます。こうした「道」

が途切れた局面では、リーダーが逃げずに「橋」を架けに行くことが求められます。この「橋」こそが、問題に対する改善策であったり対処法であったりします。問題発生時にリーダーが一歩でも逃げた瞬間、そのチームの負けが確定してしまいます。物理的にも精神的にも安心してメンバーが渡れる「橋」を架けることがリーダーの役割です。

7 リーダーは相反することを常に併せ持つ

リーダーは、一見矛盾するような「相反する心」を常に持たねばなりません。その代表例は、「冷たい心」と「温かい心」です。リーダーには、経営数値をはじめとするファクトに基づき冷静に意思決定することが求められます。不採算事業から撤退する、リストラを断行する…といったことについて、情を挟まずに決定を下さねばリーダーは務まりません。その一方で、「冷たい心」だけでは周りはついてきません。「温かい心」として、メンバーの気持ちを十分に汲み取る姿勢も求められます。

こと仕事においては、リーダーがメンバー一人一人のことをどこまで考えられるかが重要です。筆者がメンバーだった頃を振り返っても、当時のリーダーが元気のなさそうなヒトに声をかけ、各人のちょっとしたことを日々気にかける…、そんな気遣いが嬉しかったものです。そうした経験も踏まえて、筆者自身がメンバーと接する時は、一人一人の仕事に対する意気込みや課題、向き不向き、場合によっては仕事以外の事情も踏まえた上で、各人に合わせたコミュニケーションをとるように心掛けています。どんなに叱っても、喧嘩しても、最後は笑って握手して終わりたいものです。

更にリーダーとして併せ持つべき二面性は、「大胆さ」と「細心さ」だと考えています。一般的な傾向として、なんでも思い切りよくやる人はちょっとした問題に気付かずに失敗しがちで、その一方で細かいところによく気が付く人は慎重になり過ぎてチャンスを掴めないことが多いようです。真のリーダーであれば、精緻な分析を行いつつも、意思決定する際には覚悟をもって決めきるという両方のいい所取りをしたいところですが、これは本当に難しいことだと感じています。そんな時にオススメなのは、リーダーは自分とは違う人材を横に置いておくことです。特に中堅中小のオーナー企業の社長には、精力的に動くタイプが多いもの。先ほどの言葉では「大胆さ」にあふれた方が多いようですが、時とし

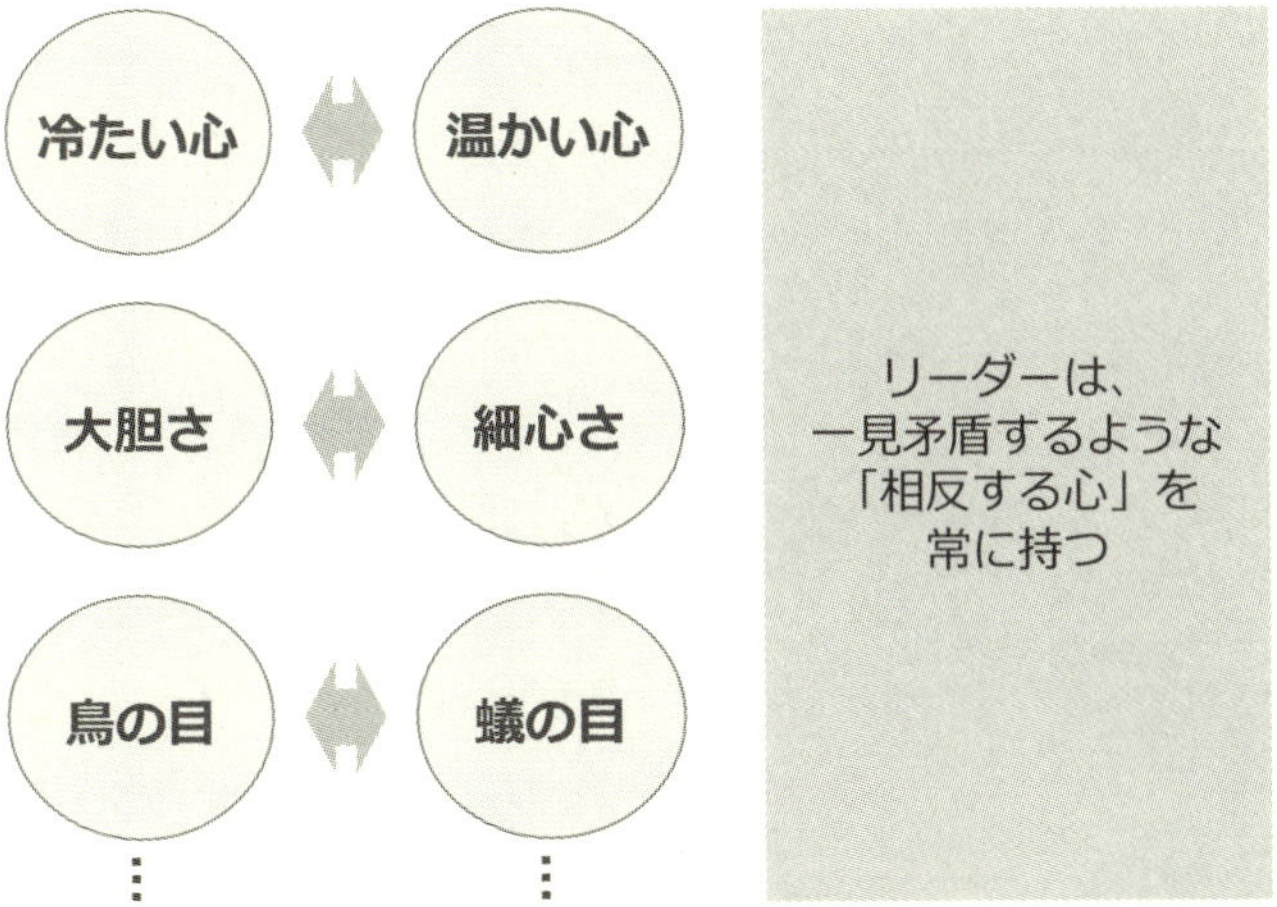

て数値を精緻に見たり、社内の人間関係の機微に配慮したり、情報セキュリティ等の管理マターに疎いケースは少なくありません。そうした時に自分とはタイプの違うヒトにフォローしてもらえるかどうかは、会社経営においては非常に重要となります。

他にも、リーダーが併せ持つべき二律背反はいくつかありますが、最後に「鳥の目」と「蟻の目」を挙げたいと思います。会社経営における「鳥の目」とは自社を含めたマーケット全体を広く見渡す視点であり、「蟻の目」とは現場ベースで物事を深く掘り下げていく視点です。リーダーは全体を捉えて大きな理想を描くと同時に、現場の小さなことにも真剣に考えることが求められます。筆者自身は、現場の小さなことを考えられなくなると、経営上の大きな判断はできなくなると考えています。

例えば、「経営的に重要な新製品の企画」をレビューする際に細かいところまできちんと理解していないと、原価が妥当なのか、品質は適切なのかといったことを正しく判断できません。ダメなリーダーは担当部長がOKと言っているからいいだろうとか、自分の好き嫌いでなんとなく判断することすらあります。これではなんのレビューにならず、実際に開発を進めると、とんでもない原価や品質の製品が出来上がるリスクを抱えることとなるのです。一般的には上に行けば行くほど、ヒトは小さいことを考えなくなる傾向にあるようですが、会社経営においても「神は細部に宿る」と信じています。

第三章

経営における文明「経営の仕組み」

1　会社を本当に強くする経営の仕組みとは?

各論の最初の章は「経営の仕組み」です。第一章で述べたように土台がしっかりしていないと、その上にいくら良い機能やテクノロジーを載せても、足元がぐらついてしまいそれらが上手く働くことはないでしょう。いくら頑張っても利益が残ることはありませんし、トップの熱い想いが込められた戦略が実行されることはないでしょう。それほどに経営の土台は重要です。

筆者の考える「あるべき経営の仕組み」は大きく2つ、「①経営実態を可視化すると同時に、現場がイキイキと自立する仕組み（部門別採算管理）」と、「②各部門がうまく連携し、全社の力を結集させる仕組み（コンカレントマネジメント）」です。

前者の「①部門別採算管理」については、会社を「船」に見立てるとイメージしやすくなります。会社を船とすると、経営とは自分の船で目的地に行くための航海と言えま

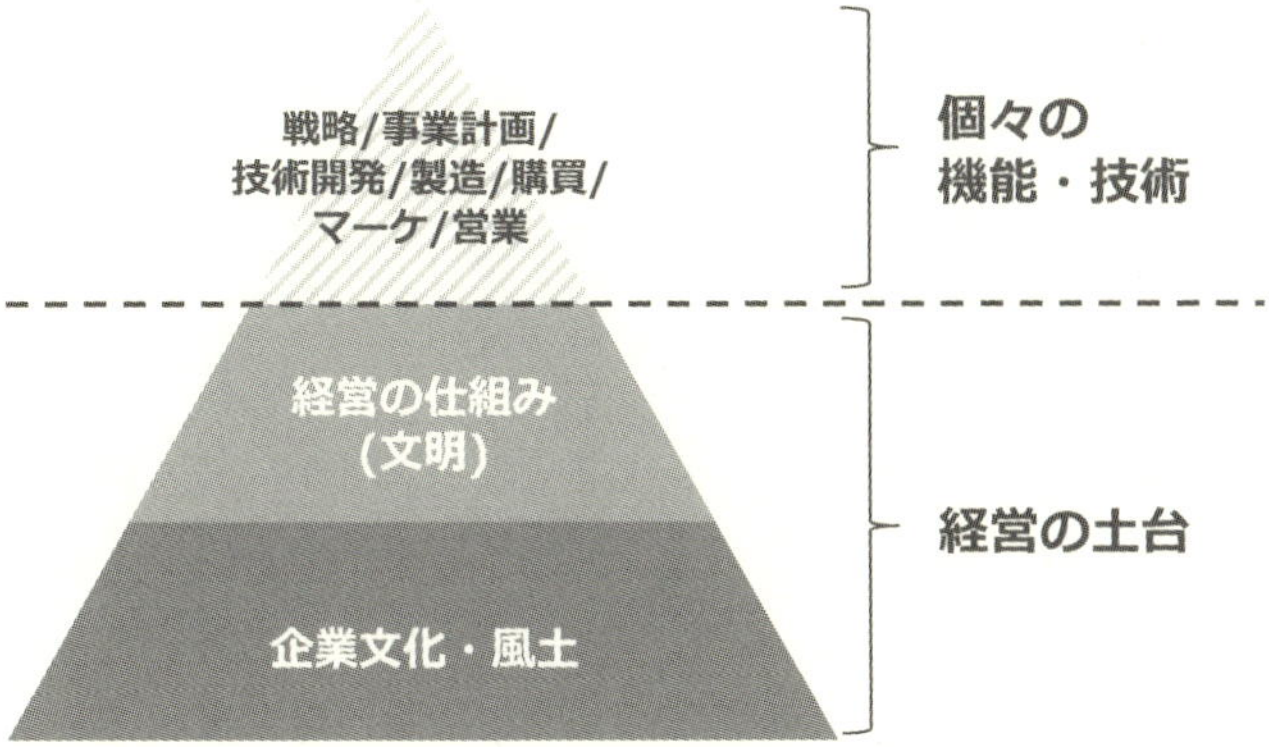

す。船でマーケットという大海を進んでいくと様々なことが起きます。例えば予想もしなかった荒波に出くわした場合、〝悪い船〟では「自分の船がどれくらい傾いているのか分からない」「既に浸水してきているのに、誰一人としてそのことに気付かない」といったことが起きてしまうもの。その結果、もう手遅れという状態になってから「問題が起きていること」に気付き、その後はどんな手を講じても沈没を避けることはできません。

その一方で〝良い船〟では、船の傾きや方向性がリアルタイムに分かっています。しかも船員一人一人が、自分の持ち場の状況をちゃんと理解しているので、船が傾いた時あるいは進む方向がずれた場合には、船長が何も指示しなくても、各持ち場の担当が立て直そうとする力が自然と働きます。こういう船は滅多なことでは沈まないでしょう。

経営において各持ち場が特にリアルタイムに見るべきは「採算」です。会社や事業の採算がどうなっているのかを、社長だけではなく社員がリアルタイムに把握できている会社は本当に強くなります。〝良い船〟においては全船員が採算を見ながら、一人一人が自分の持ち場で経営者のように自発的に考え・行動することができるので、多少の外部環境の変化にもびくともしません。

続いて後者の「②コンカレントマネジメント」です。先ほど説明した部門別採算管理が行き過ぎてしまうと、「自分達のところさえ良ければ」と自部門の採算しか考えないようになったり、部門間の仲が悪くなったりします。こうなると、一時的にはどこかの部門が良くなったとしても、別部門が割を食い、長い目線で見ると会社全体の利益は残りにくくなるでしょう。こうした部分最適を防ぐ仕組みの一つがコンカレントマネジメントです。

コンカレントマネジメントとは「関係部門が別々に仕事を進めるのではなく、部門間の連携を加速させる仕組み」です。例えばメーカーにおいて開発→購買→製造、と一つず

つ進めていくと、部門間のミスコミュニケーションが起きたり、問題が先送りになったりしがちです。小売であっても、調達部が決めてきた商品仕入に対して、商品部が「こんなもの、こんなにたくさん使えるか！」となりがちです。

仕事を順々に進めていくと、問題も先送りされて最後に大問題となることも多いため、そうではなく最初に喧嘩しましょう、擦り合わせしましょうという考え方を仕組み化したものがコンカレントマネジメントです。

本章では、「①部門別採算管理」と「②コンカレントマネジメント」をそれぞれ詳しく説明していきます。なおそれぞれの仕組みの名称自体は一般的に知られており、こうした仕組みを既に導入している企業もあるでしょう。ただ実際にはあまり上手くいっていない企業は多く、こうした企業では決定的に足りていないことがあります。本章では筆者のこれまでの経験に基づき、「新しいコンセプトを加えて進化させた仕組み」を説明していきたいと思います。

2 現場の底力を引き出す「採算見える化の仕組み」

2―1 現場活性化につなげるための「採算見える化」

部門別採算管理に関して、まず強調したいことがあります。筆者が考える「部門別採算管理」は、売上や費用を一定のルールで分けて数値を見る「単なる管理会計」とは異なります。第一章でも触れたように、何も考えずに売上や費用を分けるだけでは、不平不満がたまって経営に悪影響を及ぼすことも。これによって多くの企業が失敗しているのですが、じゃあこの仕組みは使えないのかということとそんなことはありません。本章で述べる「部門別採算管理」の最大の特徴は、「現場の一人一人が経営に参加できる仕組みの構築」に重きを置いている点です。

まず「部門別採算管理」を会社に導入すべき理由を、「経営の視点」と「個人レベルの視点」それぞれで説明していきたいと思います。

経営の視点では、付加価値を生む現場が経営できている会社は本当に強いと感じています。先ほどの船の例でも触れましたが、自分たちの採算がリアルタイムで分かり、何か問題が起こった場合に、現場が利益を極大化しようと自発的に動ける…、そんな会社は多少の波が来てもびくともしません。

「部門別採算管理」が経営の仕組みとして根付いている会社では、一人一人が自部門を経営する経営者です。自分で考え・立ち振る舞うことができるため、社長が日々の業務を現場に任せた状態であっても、現場は利益を出し続けることができます。そうすると社長がチェックすべきは「各現場の採算」をはじめとする重要数値に限られることになるので、社長自身は物理的にも精神的にも更に高度な仕事に集中できるようになるでしょう。

なお、個人レベルの視点では、日々の仕事に取り組む中で、何も考えずにただ手を動かしていているだけではヒトは成長できません。その一方で、ヒトの能力は無限大とも感じます。例えば働く環境が変わることでやる気・モチベーションが一気に高まり、日々の行動や結果が大きく変わったという経験はあるのではないでしょうか。

周りを見ていて筆者が感じる「やる気・モチベーションが下がる原因」は大きく2つ。1つ目は「自分がやることのゴールや進捗が見えないとき」、そして2つ目は「自分がやることが実現しない。実現したとしても周りにいい影響を与えられていないとき（報われないとき）」です。

正しい「部門別採算管理」は、こうした問題を取り除くことのできる仕組みです。ゴール及び取り組みが「数値」として可視化されるため、自分たちの仕事の貢献度をはっきりと認識することができます。努力や工夫次第で採算は良くなるため、各人の仕事に対するモチベーションアップ、そして各人の自己実現にもつながるでしょう。もっと言うと、ヒトは人生の多くの時間を仕事に費やすことになるので、仕事が自分にとって意義深いものであればあるほど、人生は意義深いものになると筆者は信じています。

特に、新しい仕組みを会社に導入する時は、「どうして部門別採算を導入するか」の理由を全従業員に腹落ちしてもらうことが必須です。背景・理由・意義といったことの納得感がないまま形だけとりあえず始めてしまうと、早晩その仕組みは形骸化してしまうでしょう。仕組みの導入当初は新しいことを覚えなければいけなくなり、負荷が高くなりがちのため、経営レベルで個人レベルでその必要性を訴え続け、「現場の一人一人が経営に参加すること」を浸透させることが重要となります。

2―2「採算見える化」において押さえるべき3つのポイント

部門別採算管理の導入においてまず押さえるべきポイントは、「採算」「組織」そして「経営数値」の3点です。加えて、この3点が上手くリンクしていることが絶対条件です。

「採算」「組織」「経営数値」のリンクとは、次のことが一致していることです。

・採算単位における採算の責任者（〝採算単位〟とは採算を管理する単位）
・組織の長（組織上の権限と責任を果たす人）

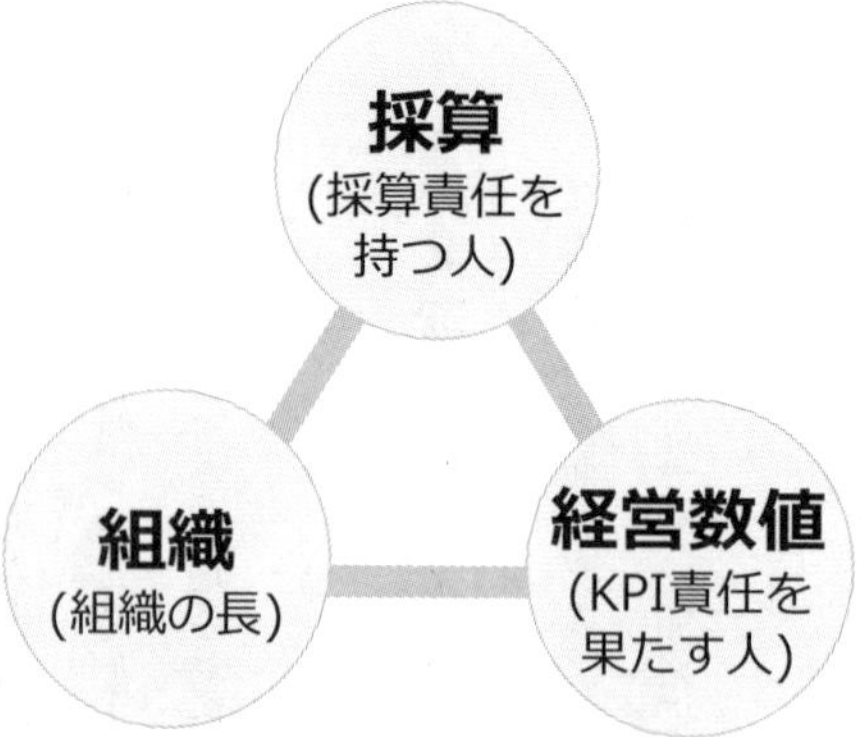

採算・組織・経営管理のリンクが必須。
この3つの責任を持つ人が「事業主」

・日々管理する経営数値（KPI）の達成責任を果たす人

この3つの責任を有する人はまさに「事業主」です。筆者の提案する「部門別採算管理」においては採算単位毎に事業主が存在しており、事業主はその採算単位における経営者です。

これらがリンクしていないと、採算や経営数値は向上しません。例えば、事業部長が採算責任を持つとなっているにも関わらず、事業部長がコントロールできない費用があまりに多い状況だとすると、その事業部長は採算責任を果たすことはできなくなります（それ以上に心理的に馬鹿らしくなってしまいます)。事業部長が売上を上げ、調達コストや製造コストを下げることにどれだけ努力しても、ヒトの配置が社長の一存で決められて人件費がコントロールできなかったり、間接部門の費用が有無を言わさず割り振られたり。現場が表立って仕組みに対する文句を言えばまだ良い方で、多くの場合は何も言わずにその仕組みを形骸化させようとしたり、抜け道を探すようになるでしょう。そんな仕組みでは強い経営が実現しないことは一目瞭然です。

事業主が権限と責任を併せ持ち、自部門の採算と経営数値の達成を追求できる、そんな強い現場を実現することは一筋縄ではいきませんが、筆者がこれまでの苦労の中で編み出したポイントを更に詳しく見ていきたいと思います。

2—2—1 採算

経営において採算を管理しようとする際は、「事業実態に基づき採算単位を定める」と「追うべき採算数値は何か」の2点が大事です。

・事業実態に基づき採算単位を定める

採算管理においては、事業実態に基づき、どういった単位で採算を管理していくかを考える必要があります。この採算を管理する単位を「採算単位」と呼び、「採算単位」毎に収入と支出を定め、採算を追求することとなります。

あるべき採算単位は会社によって異なります。例えばメーカーであれば、事業部あるいは機能別に採算単位を設定することもありますし、更に工場別や製造ライン別に採算単位を分けて、より細かく採算管理を進めるケースもあります。あるいは事業部別と機能別を組み合わせた形であったり、プロジェクト単位で管理したりと、どこで付加価値を生み出すか・本質的に何を管理すべきかの経営実態に合わせて、採算単位は様々な形をとります。

事業実態に基づく採算単位をイメージしやすい例として、「八百屋における生鮮品と缶詰の例」を挙げたいと思います。野菜や果物といった生鮮品の多くは日持ちしないので、採算を確保するためには、その日の仕入数に細心の注意を払いながら、仕入れた商品をそ

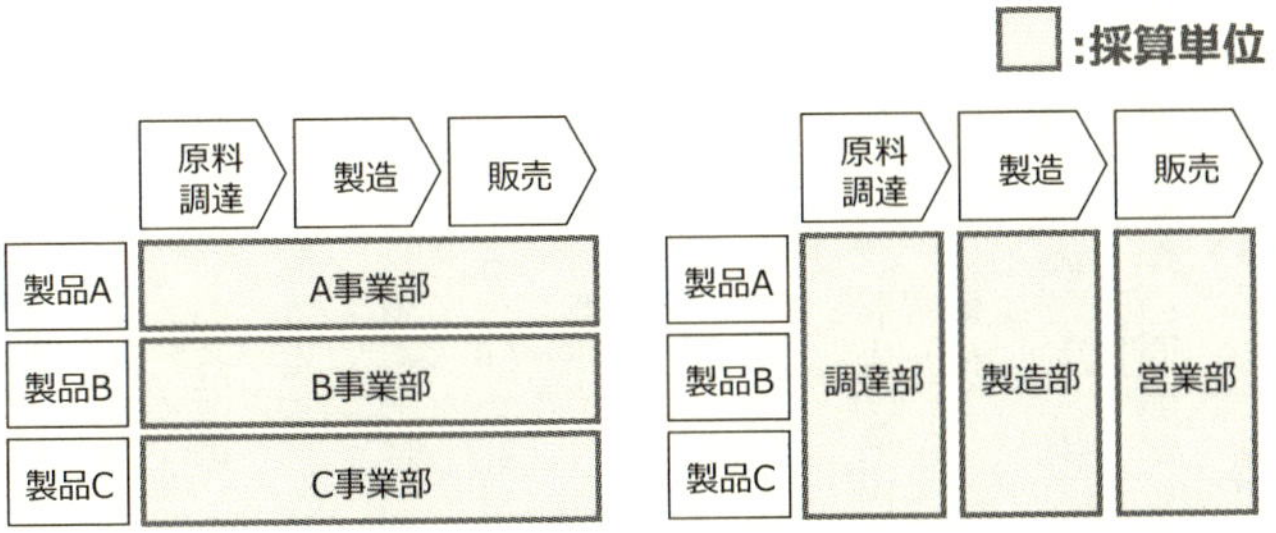

の日のうちに値引してでも売り切る必要があります。一方で缶詰は日持ちするので、生鮮品ほどに厳密な管理は必要ありませんが、たまにしか売れないかもしれません。どの缶詰をどれだけ在庫として構えておくかを考え、そしてキャッシュフローへの影響も加味しながら、生鮮品とは違う点に気を遣う必要があります。このように管理方法や採算極大化のためのポイントが、生鮮品と缶詰で大きく異なります。

家族経営の八百屋であれば目も行き届くので、主人一人の頭の中で処理しきれますが、会社として規模が大きくなると本質的に異なるモノは分けて管理すべきです。

・追うべき採算数値は何か

採算単位を決めた後は、具体的にどんな採算数値を見ていくかを決めていきます。

「収入」―「支出」で求められる「採算」が一番シンプルですが、例えば人件費という科目まで現場に示すことで弊害が生じる場合もあります。そうした時には、限界利益までを管理対象とするとか、人件費を除く採算を見るとか、支出を表示する細かさを工夫するといったように、会社毎に合わせた設計をすることとなります。

採算数値の設計においてとりわけ大事なことは、各社のビジネス実態や事情に合わせつつも、「採算向上のために本当に見るべき数値は何か」を考え抜くことだと考えています。採算管理の本質は「現場の一人一人が経営に参加できる仕組み」です。そのため例えば、「製造部は今月、収入○億円・支出○億円で採算は○億円」とだけ示されても、現場ではなんの改善も進みません。こうした数値だけでは現場の状況や問題を把握することができないため、現場の一人一人が採算数値を見て自発的に改善が進むことはないでしょう。採算に直結する現場の問題が可視化されませんし、なんとなくここを改善すればいいという勘の世界を抜け出すことはできません。

採算表の例
(事業部制の場合)

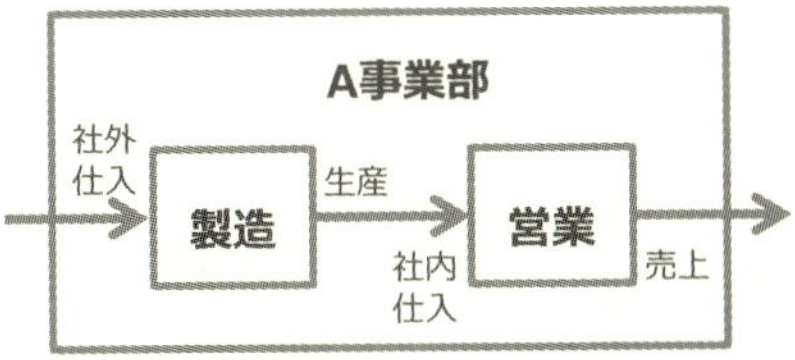

		A事業部					
		製造			営業		
		計画	実績	差	計画	実績	差
生産		120	115	-5			
売上					150	132	-18
社内仕入					120	115	-5
社外仕入		45	44	-1			
付加価値*		75	71	-4	30	17	-13
利益率		63%	62%		20%	13%	
支出	ヒト	8	10	2	8	8	0
	製造	38	38	0	0	0	0
	物流	2	3	1	5	4	-1
	販促	0	0	0	5	10	5
	家賃	5	5	0	3	3	0
	他	10	12	2	3	4	1
	計	63	68	5	24	29	6
部門採算		12	3	-9	7	-12	-19
利益率		10%	3%		4%	-9%	
時間		6,400	8,000	1,600	3,200	3,360	160
時間当たり収入		19	14	-4	47	39	-8
時間当たり採算		2	0.4	-2	2	-4	-6

* 製造の付加価値：生産ー社外仕入

* 営業の付加価値：売上ー社内仕入

次に示す採算表の例のように現場実態が掴みやすい数値を可視化することで、採算悪化要因や改善活動の結果を、現場が定量的にとらえられるようになるでしょう。

採算管理において筆者が有効だと考えているのが「時間関数の導入」です。「時間当たり採算」や「時間当たり生産」という形で生産性を可視化し、現場の力を高めていこうという意図です。

逆に、採算管理において生産性を可視化しないと、色々な弊害が起こってしまいます。例えば「時間がどれだけかかっても採算を確保すればいい」という考えが社内に広がると、長時間労働が慢性化し、気合いと根性で乗り切る！　という不健全な状態におちいってしまい、いつまでたっても現場は効率化しません。そういった事態を避けるためにも、採算管理に時間関数を導入し、生産性を追求すべきと筆者は考えています。

2—2—2 組織

どんな会社にも組織は存在していますが、ヒトが集まってただくくっただけの組織は

「あるべき姿」ではありません。本来組織とは「複数人が集まって仕事をする際に、円滑に・効率良く仕事を進めるためのもの」であるにも関わらず、実際はそうなっていないケースは少なくありません。

ここでは特に、採算管理を進めるために着目すべき組織上のポイントについて説明していきます。

・マーケットの変化に素早く対応できる組織

全ての仕事は、マーケットがあるから成り立っています。顧客がいるから我々は仕事をすることができるので、顧客に焦点を当てた組織設計は必須です。加えて、マーケットは刻一刻と変わるため、マーケットの変化に合わせて組織そのものを変える必要があります。

筆者がかつて在籍していたコンサルティングファームでは、マーケットの変化を見ながら数年ごとに大きく組織が変わっていました。これまでになかった新しい領域のマーケットの盛り上がりを見据えて新組織を立ち上げ、更にはクライアントとの関わり方やサービス内容を見直すべく組織が抜本的に変わったことも。イチから組織を作るくらいの変わりようで、複数社を経験した身からしても驚いた記憶が今でも鮮明です。

ただ世の中の会社を見渡すと、ヒトありきで組織が作られているようなケースも少なくありません。ヒトありきで組織を作ってしまうと、外部環境が明らかに変化した時でも、組織を守ろうとして付加価値や採算向上とは違う方向にベクトルが向きがちです。例えば採算向上のためには大幅コストカットや人員再配置が必要な局面であっても、自分の役職や既得権益を守ろうとして本筋とは違う社内政治に暗躍する、ということすら実際に起こります。

・可能な限りフラットな組織

採算向上のためには、チームメンバーが一致団結することが求められます。一致団結するためには、メンバーの性格や状況も加味しながら色々なアプローチがあるものの、「風通しよく情報共有されていること」は必須事項の一つと考えています。

そのために組織は可能な限りフラットでありたいところです。組織の長あるいはメンバーが、情報や自分の意見を伝えようとする際、組織内の階層が多いとどうしても所謂「伝言ゲーム」が起きてしまいます。子供の頃に遊んだ数人の伝言ゲームですら正しく伝わらないのに、年代や立場が大きく異なる会社では、ヒトを挟めば挟むほど正しく伝わるはずがないというのが個人的な本音です。しかもビジネスの世界では、各人が自分の都合のいいように解釈することも普通に起こります。トップからメンバーまで全員が直接かつ丁寧なコミュニケーションが可能となるよう、可能な限りフラットな組織設計を心掛けたいところです。

・権限と責任が明確になっている組織

権限と組織が明確になっていない例には枚挙に暇がありません。「はじめに」で述べたように値決めの権限がないのに採算責任を取らされるという話はよく聞きますし、ヒトを新しく採用したのに誰も育成責任を果たそうとせずに放置していることもよくあります。

その中でも特によくある話が、在庫に関する権限と責任が不明確なケースです。筆者が考える在庫責任はシンプルで、「モノを作る or 仕入れる権限のあるヒトが、その在庫の責任を持たないといけない」というもの。このシンプルな決まり事が徹底されていないために次のようなことが頻発し、滞留在庫が膨らみ、廃棄や評価減のロスが発生してしまうのです。

・営業は、モノを絶対に欠品させないように製造や調達に厳しく言うが、確保したモノが余ってしまうと途端に知らん振り。

・製造は工場稼働を上げるために、自身の判断で生産してしまう。一方で在庫が余ると「営業が売ってくれないからだ」と営業のせいにし始める。

・店舗はモノを仕入れる権限は持っているのに、果たすべき責任は売上だけ。店舗は在庫責任を持たないので、売上を上げることを理由に山ほど仕入。余剰在庫には誰も注意しない。

こうした廃棄や評価減のロスを防ぐためにも、組織設計にあたっては権限と責任を明確にセットすることが肝要となります。

・最も適した人材が責任者に登用できる組織

日々の業務を通じて、組織を直接動かしていくのはその組織の長です。その時の事業環境や状況に最も適した人材が、組織の長としてメンバーをリードしていくことで、組織の採算は向上していきます。

よくあるのは、特定のヒトを辞めさせないために昇進させて部下も付けて、という話ですが、場合によっては新しい役職や部門を作ってしまう会社まであるのは不思議でなりません。とある会社においては、新規事業としてECビジネスを始めようとしていた時に、年功序列で考えて、新しい考えに否定ばかりのITに不慣れなシニアをその新規事業のリーダーに任命する…というミスマッチもありました。

中堅中小企業では人材が限られていることはもちろん承知の上ですが、前述の通りマーケットは変わり続けるため、変化に対応できるヒト全員にチャンスがある会社にすべきと考えます。

2―2―3 経営数値

3つ目のポイントである経営数値とは、いわゆるKPIです。皆が目にするKPIは日々の動き方を大きく方向付けるため、KPIの設計や見方次第で、会社は正しい方向にも間違った方向にも進んでしまいます。

・採算向上を実現する経営数値となっているか

経営数値に関してまず大事なのは、「KPIを実現することで、採算が実現できるように仕組みが設計されていること」です。例えばあるメーカーでは、製造のKPIを「工場稼働率」と設定していました。この会社の製造は、KPIである稼働率を上げようと努力を重ね、KPI目標を達成していました。ただ、中身をよく見ると、以前と比べて受注単価は大きく下がっており、会社としての利益はほとんど残っていない状態。更には、製造ラインの段取替えを少なくするために受注以上の数を製造して、倉庫には未出荷の製品が山積みとなっていました。当時、筆者がこの製造と話をすると「自分達はKPI目標を達成しているのでミッションクリア」と頑なでしたが、利益創出という観点からはこれは良しとはなりません。このように仕組みの設計上、KPIと採算がミスマッチしている事例を何度も見てきました。

筆者がコンサルタントとしてクライアント企業に入り込む際も、KPIが正しく設計さ

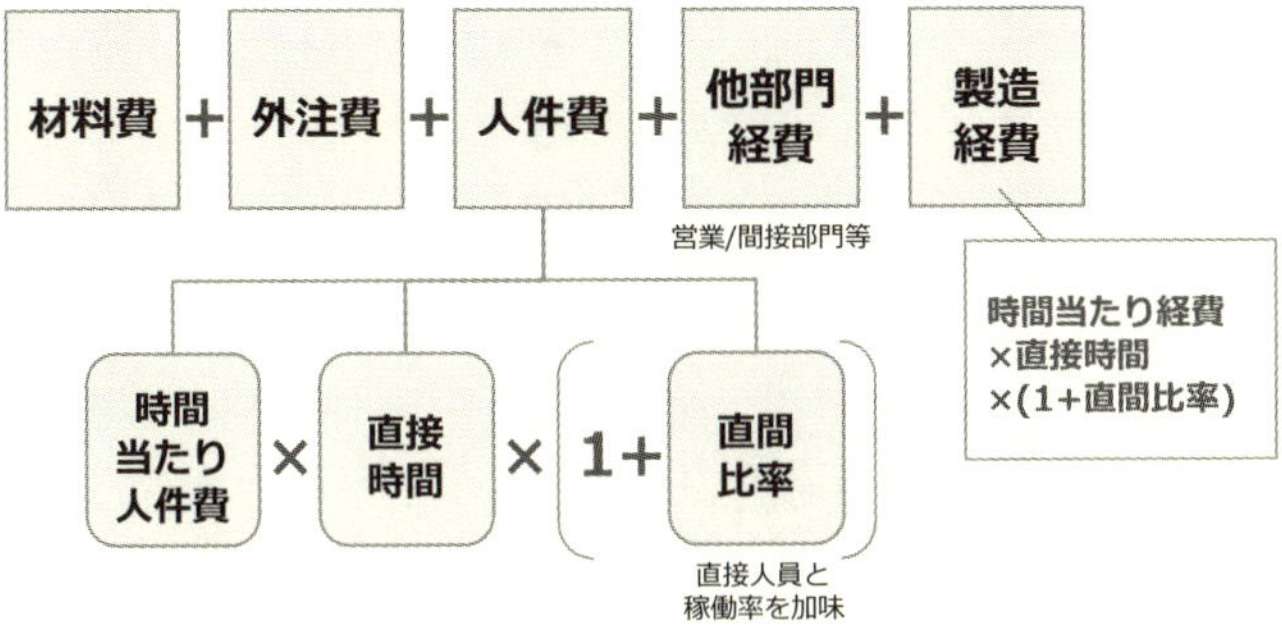

れているかはまず注視する点です。仮に「採算向上」と「KPI設計」にギャップがある場合は、良いことは何もないので直ちにKPI見直しに着手します。

・見積もり時に、経営数値が正しく加味されていること

第二章でも述べたように、見積もりにおいては費用を正しく計算することが大事なポイントです。費用計算時に不可欠なのが、経営数値である直間比率（直接人員と稼働率）を正しく把握することです。

見積もりにおける費用は上に示す式で求められます。見積もりにおいては通常、材料費や外注費が忘れられることはありませんが、見えにくいコストである「稼働していない分のコスト」や「固定費」を正しく見積もれていないケースが散見されます。これらを計算するためには、直間比率の目標値を定めておき、この値を前提として費用を見積もることになります。と同時に、事前に設定した直間比率はあくまで目標値であるため、人員構成や受注状況をモニタリングしながら、常にチューニングしていくことが正しい見積もりには求められます。

2―3 「採算見える化」の仕組み導入の要諦

続いて、部門別採算管理を設計・導入していくための要諦を見ていきたいと思います。前述の「採算」「組織」「経営数値」という3つのポイントを押さえつつ、具体的にどう導入を進めていくかの手順をまとめました。

2―3―1 一連の業務フローや権限と責任を明確にする

採算管理を始めるにあたってまず実施するのは、会社全体の業務フローの整理です。例えばメーカーの場合、見積から出荷までの一連の仕事の流れを可視化した上で、誰が見積

受注から出荷までの仕事の流れ（イメージ）

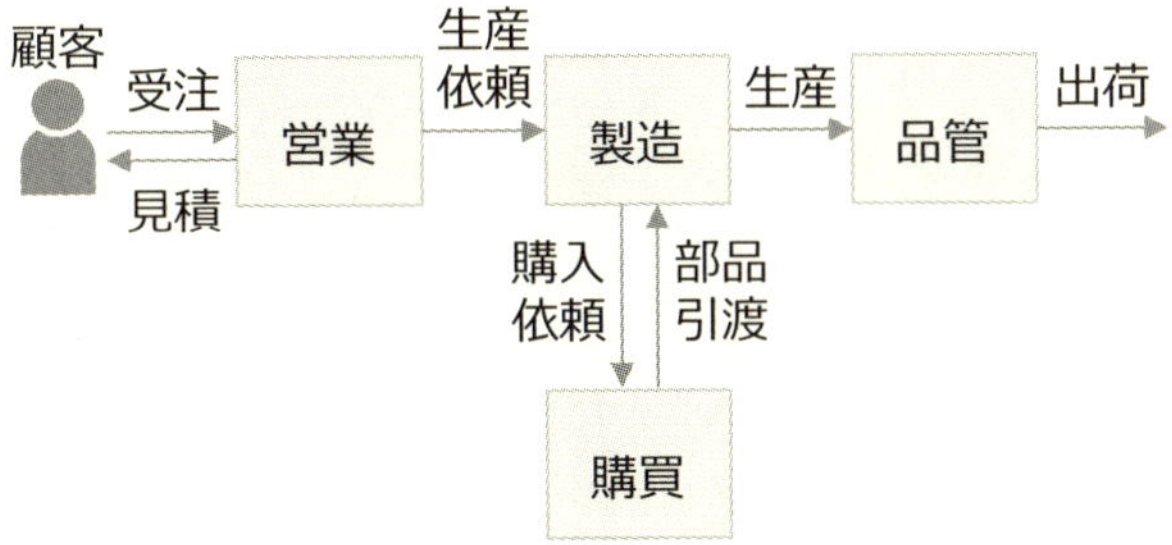

もりするのか・誰が製造を指示するのか・誰が購入を決断するのか・誰が出荷を決断するのかといったことを明確化していくのです。仕事の大きな流れを明らかにして、皆で確認することは非常に重要です。

以前、クライアント企業の営業部長と製造部長それぞれに仕事の流れを書き出してもらったことがあります。相手が書く仕事の流れを見ずに、自分が理解していることを紙に書いてもらったところ、2人がそれぞれ描く現行業務は大きく乖離していました。このクライアント企業ではそうした乖離を是正した上で、新しい仕組みを構築していったのですが、もしキーパーソンの頭の中にある仕事の流れが違ったまま改革を進めていたらと思うと、ぞっとしてしまいます。

業務フローを明確化した後は、どういった採算単位に分けるかを考えていきます。ここでは2—2—1で述べた「事業実態に基づき採算単位を定める」という考え方に基づき採算単位を定め、各単位の権限と責任をセットしていきます。例えば品質管理部門が採算単位となる場合は、出荷権限があると同時にクレームが起きたら責任をもって解決する部門…といったように、権限と責任をセットで定めていきましょう。

2—3—2 付加価値を生む部門をプロフィットセンターと位置付ける

業務フロー・権限と責任の可視化の次は、「受注・売上・生産等の基準」を定義していきます。採算管理においては業務を数値化することが大事なため、第二章で述べた「一対一対応の原則」に基づき、どういった時に受注となるのか?何をもって売上計上されるのか?生産の基準は何か?といった数値化の基準を定める必要があります。

特にメーカーにおける付加価値の源泉である「生産」は、通常は会計の世界には出てこないため、多くの会社で定義されていません。「生産」の定義として、例えば「生産」＝〝製造したモノが倉庫に入庫された時〟、そして「生産額」＝〝製造から営業への標準仕切値といったことを決めていきましょう。この場合、製造の付加価値は「生産額」から「製造に掛かった費用」を引いた額となります。他にも、製造が購買から原材料を購入するときの「社内売買の価格」を定量化する等、モノやカネのルールを決めていきましょう。このように、どこで付加価値が上がるのか？　いくらの付加価値が上がるのか？　ということを明確化しながら、プロフィットセンターを定義していくのです。

2―3―3　間接部門にも収入を設定して採算を追求

前述のプロフィットセンター以外の部門、例えば総務経理といった間接部門は採算を追求しなくていいのでしょうか？　答えはNoです。

採算を追求するという意味では「どの部門も平等」であるべきだと筆者は考えます。一般的な傾向として、間接部門はややもすると業務を自己増殖させがちです。管理のための管理というか、やらなくてもいい仕事を自分で作って忙しいと言い続けている間接部門が時々あります。そのため採算管理の仕組みの中では、こうした傾向を抑制してスリムな間接部門を維持するためにも、プロフィットセンターと同じように採算を追求すべきでしょう。

加えて、間接部門の業務は、他部門に対するサービスであると言えます。経理や総務をはじめとするどんな業務も、社外にアウトソースすると料金が発生しますので、間接部門のサービスの対価を社内取引として受け取ることが本来の姿だと考えています。実際には「人事業務を人数当たりいくら」とか「本社の管理業務を面積当たりいくら」といった形で他部門から収入を得ることで、間接部門の採算を定義することができます。

なお、こうした社内取引の価格水準や公平感に、経営者は注視する必要があります。生きた仕組みとして採算管理をうまく運用するためには、社内取引の価格が世間相場と比べて大きくずれていないか、そして特定の採算単位が不満を抱いていないかを常にウォッチしましょう。仮に、社内取引が相場より高くなる場合は、他部門からすると「社内ではなく、外にやってもらった方がいいのでは」という雰囲気になってしまい、仕組みが形骸化する要因となります。社内取引が高くなる理由は、その採算単位の固定費が高い、あるいは生産性が低いためであることが多いです。前述の通り、採算管理の仕組みに「時間関数」

を取り入れることで、間接部門の生産性が可視化されるようになります。普段は可視化されることの少ない「間接部門の生産性」を見ながら、経営改革を推し進めるべきです。

2―3―4　誰が見ても分かる採算表とする

これまでに、仕事の流れ及びモノとカネのルールの整理を進めていきましたが、次のステップは現場が日々見る帳票である「採算表」を設計することです。例えば損益計算書の営業利益や経常利益を見て、やる気を出す従業員はあまりいません。財務会計は現場にとって身近なものではないため、興味を持たれにくいのがその理由です。現場に興味を持たれないと、日々使われることなく「定着しない仕組み」となってしまいます。

採算表に関する最大のポイントは、「(家計簿レベルにまで)シンプルな採算表」とすること。家計簿をつけるくらいシンプルにカネの出入りを可視化する帳票を使うことで、現場の一人一人が採算表を見て「今の問題が何か・どんな改善を進めるべきか」を理解できるようになるでしょう(と同時に、経営者が採算表を見て、現場のことがリアルタイムに分かることも目指します)。

筆者がメーカーの事業部長をしていた時には、工場で働く従業員一人一人が「現在の時間当たり採算はいくら」「目標を達成しているか否か」そして「目標に対して遅れている場合は、どんな対策が必要か」を理解できている状態でした。そのため従業員各人が自発的に考え・行動することができていたのです。これこそが「強い現場」の特徴の一つだと考えています。

2─4 メーカーにおける「採算見える化」の導入事例

これまで、部門別採算管理のポイントについて見てきましたが、経営実態が見えなかったあるメーカーにおける改革事例をご紹介したいと思います。

改革前の当社では、営業部・製造部、といったように機能別に組織が分かれており、採算は各部門に開示されずにブラックボックスとなっていました。そのため、営業部は売上だけを見る、製造部は工場稼働率だけを見る、というように現場は断片的な経営数値を見

て、社長以外は誰も利益を見ていない状態が続いていました。

その結果、営業は採算度外視の受注を取ってきていましたし、製造は機械を稼働させたいので安値でも受けしまうという事態が頻発。更に厄介なことに、営業は売上・製造は稼働率というKPIをそれぞれが達成していたため、「自分たちはちゃんと仕事している！」という意識にあり、改革が必要という意識は希薄でした。その一方で社長は、月次試算表で利益が出ていないことを見てから慌てて対策を打とうと試みるのですが、現場の実態が見えないので、採算悪化の要因がどこにあるか分からない状態。分からないものはコントロールできないため、社長は適切な策を打てずにいました。

先ほどの例えで言うと、船長は自らの船が傾いていることは分かっているが何が原因で傾いているのか分かっておらず、一方で船員は自分たちの船は順調に進んでいると思い込んでいるという状態。筆者がコンサルタントとして初めて当社に伺った時には、次の波が来ると沈没しかねない状態にまで船は傾いていました。

当社における改革として、採算管理の仕組み構築に着手しました。まず全従業員に採算を開示すると同時に、各人が見るべきは売上や稼働率ではなく「採算」であることを明

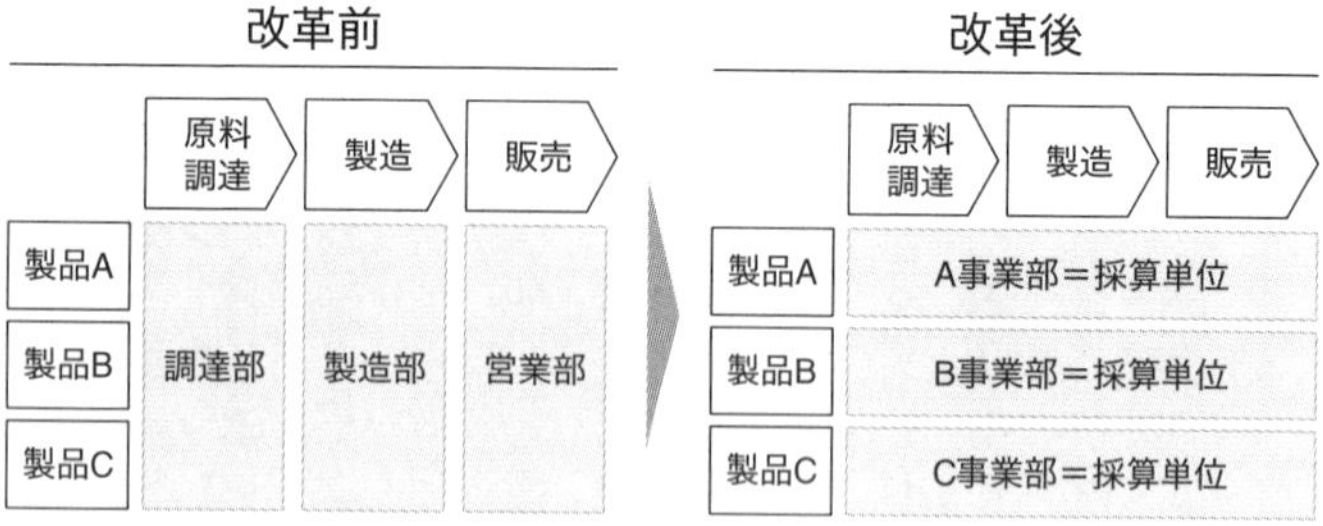

確に示しました。その上で、組織を機能別から事業部別へと抜本的に見直しました。事業部へと刷新した理由は2つあります。かつては「製造は作っているだけ」という状態で、顧客から求められる品質やコストをなにがなんでも達成するという意識が希薄だったためにこの状態を根本から見直したかったというのが1点目です。理由の2つ目は、製品ラインナップを見ると、それぞれの製造方法や求められる品質、在庫の持ち方、仕入から出荷までの時間軸が大きく異なっており、製品ラインナップ別に本質的に異なるビジネスだと判断したためです。

組織見直しによって新しくできた事業部1つ1つを採算単位とし、採算責任は事業部長が持つよう責任を見直しました。同時に事業部長の権限として、採算責任を果たす限りは売上・原価・販管費をどうするかは事業部長の裁量でコントロールできるという仕組みに刷新しました。つまり、各事業部をそれぞれ会社のようにみなし、事業部長一人一人が経営できる体制としたのです（他にも、事業部間のやりとりや間接部門への支払いルール等、事業部長が納得する採算管理のルールを慎重に設計）。

この新しい仕組みは、事業部長をはじめ全従業員の戸惑いと共に迎えられました。仕事とは言え、いきなり「経営しなさい」「採算責任を果たしなさい」と言われても、という気持ちが大半を占めていました。ただここで止めてしまうと元通りになってしまうため、一貫して採算表を示し続け、各事業部長とは常に「採算」を起点とした会話を続けました。「採算を向上するためにはどうすればいいか?」「こうすれば採算が良くなるのでは?」と。

新しい仕組みが定着したきっかけは、ある事業部長が「この採算管理の仕組みは、実は使えるのでは?」と気付いた時でした。改革前は営業リーダーだったこの事業部長は、自社製品の原価が高くて売れないことに悩んでいたのですが、改革前は製造に働きかける権限がなかったために原価は下がらず身動きが取れない状態でした。一方でこの新しい仕組みでは、原価と調達をコントロールする権限と責任が自身にある。自分の悩みが解消されることに気付いた事業部長は、事業部を挙げて原価を下げる改善に取り組み、見事に原価が下がり、その結果として製品が売れるようになったのです。

そしてこの事業部の採算が良くなると、他の事業部長も続けとばかりにこの仕組みを活用するようになったのです。こうして採算管理の仕組みが回り始めると、やがて「採算」が社内の共通言語となり、「採算を上げるためには、どんな商品を開発してどこにいくらで売ればいいいか。そのためにはいくらで作ればいいいか」といったことを各事業部の一人一人が考え・行動するようになったのです！

こうした採算可視化をはじめとする改革によって、競合が苦戦する中、当社は増収増益を実現しました。その後は、外部環境の影響もあって多少の波はありつつも、強い経営基盤があるため、今でも事業拡大を続けています。

3 1＋1を3以上に！「全社の力を結集する仕組み」

3―1 「全社の力を結集する仕組み」の狙いと効果

3―1―1 コンカレントマネジメントは何のための仕組みか？

経営においては、「部門間の連携」「全体最適」が大事だとよく言われます。ただ実際のビジネスの現場では、「部門間の非連携」「部分最適」に悩まされているマネジメントはかなり多いのではないでしょうか。「部門間の連携」や「全体最適」はなかなか実現されず、深刻な課題の一つとなっています。

本項で紹介するコンカレントマネジメントは、そうした困難を打破して全社の力を結集させる仕組みですが、「力を結集するアプローチ」としてまず強調したいことがあります。よくある勘違いは、「力を結集させる」＝「メンバー同士が仲良くなりましょう。和気あいあいと仕事しましょう」というもの。もちろんメンバー同士が信頼し合うことは大事ですが、仲良くなること・和気あいあいだけを全面に出すとなぁなぁになりがちです。そのため、全体最適を実現するための本質的な打ち手が、例えば懇親会や社員旅行、あるいはコミュニケーションを円滑にするためのITツールだとは考えていません。部分最適の初期症状は、「言うべきことを言わずに我慢すること」が多いのですが、波風を立てないように言葉を飲み込んで妥協した結果、全社の力が結集されずに業績が悪化しているケースは少なくありません。

本当に強い会社というのはその逆で、各部門が自分たちの立場で良いと思うことを追求している会社です。個々の部門が強くならないと、会社全体は絶対に良くならないと筆者は考えています。

むしろ強い会社こそ「健全な喧嘩や衝突」は多いかもしれません。各部門が自分たちのプロフェッショナルの視点から、製品やサービスを良くしようと本気で戦っています。そうすることで、その会社の製品やサービスは妥協のない完璧な状態に近付いていくのです。ただこうした会社では時として、行き過ぎて「部分最適」になってしまうことがあります。「部分最適」が過ぎると、会社全体の製品やサービスの付加価値は高くならないため、各部門の力を高いレベルで保つような連携が重要となります。

そのための仕組みがコンカレントマネジメントで、強い個を前提としつつ、最初に喧嘩しましょう・擦り合わせしましょうという考え方がベースにあります。もちろん各部門が付加価値をそれぞれに高めようとするための「良い意味での喧嘩」です。決して、自分たちの利害を追求するとか、面倒事を避けるために我を通すのではないことを念のために添えておきます。

3―1―2 コンカレントマネジメントが実現する経営効果

コンカレントマネジメントの効果は非常に多岐にわたります。次に主な効果をまとめました。

・リードタイム短縮

例えば、企画から量産に至るまでの商品開発プロセスの例を考えてみましょう。企画→商品開発→部品調達→量産設計と順々に進めたあとに、量産段階になって初めて「量産には適さない開発になっていること」に気付いて商品開発からやり直し、といったような手戻りが発生しがちです。他にも調達に時間がかかるような場合は、商品開発の後に部品調

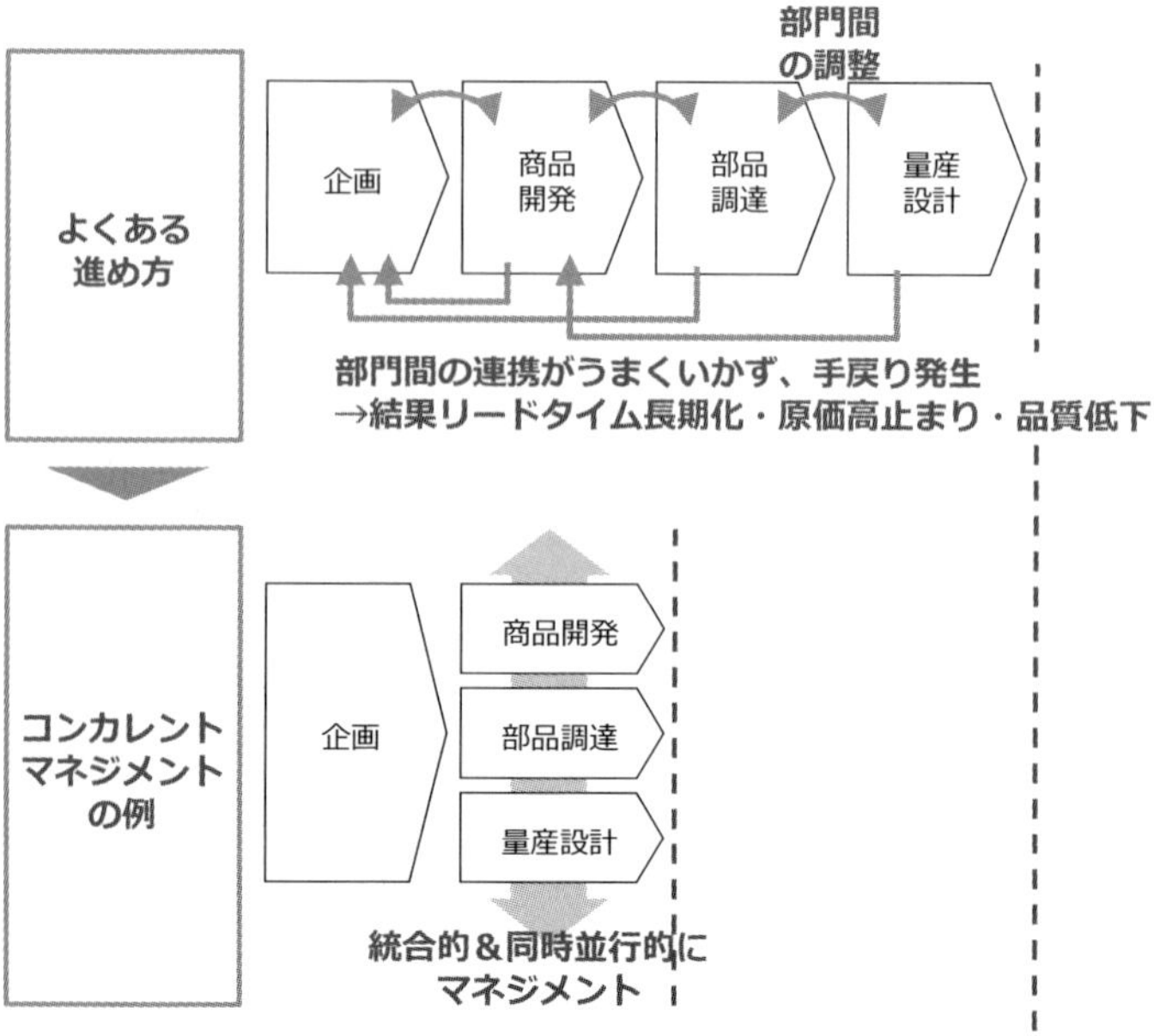
部門間
の調整
よくある
進め方
企画
商品
開発
部品
調達
量産
設計
部門間の連携がうまくいかず、手戻り発生
→結果リードタイム長期化・原価高止まり・品質低下
コンカレント
マネジメント
の例
企画
商品開発
部品調達
量産設計
統合的＆同時並行的に
マネジメント

達が動き始めるのでは遅く、後工程の量産開始が大幅に遅れてしまうこともあります。こうした手戻り・待ちを防ぐために、最初から一気呵成でコトを進めることでリードタイムの短縮が実現できます。

・原価低減

前述のリードタイムで述べたような手戻りや待ちの工数は、ダイレクトに原価に跳ねます。他にも調達した部品がそのまま使えないといった問題が起きると原価は膨れてしまい、原価は当初予算からどんどん乖離していくでしょう。コンカレントマネジメントではこうした手戻り・待ちを撲滅するため、ムダなコストは徹底的に削減されることになります。

・品質向上

ビジネスにおいては通常、リリースタイミングや締切が明確に決まっていますが、デッドラインに合わせるために品質を妥協してしまう局面があります。時間があれば品質を更に上げられるものの、時間がないためにそこそこの品質でリリースしてしまうパターンです。

前述の通り、コンカレントマネジメント導入によって手戻りや待ちがなくなるため、品質を高めることに時間を使うことができ、品質の妥協を防ぐことが可能となります。仕組み導入前は問題多発でデッドラインぎりぎりまで問題対応に明け暮れていた会社が、仕組み導入後にはぎりぎりまで品質を作り込むことに時間をつぎ込めるようになった事例もあります。

こうした時間の使い方の変化に加えて、案件の初期段階から全部門が一堂に会してコトを進めるため、部門間のポテンヒットによるミス（品質低下）の撲滅にもつながるでしょう。

多くの中堅中小企業においては、現場の不断の努力により、部門単独で追求できるQuality・Cost・Deliveryはかなり高まっているように見受けられます。だからこそより一段のレベルアップのためには、こうした部門間の連携を高度化することが必須と考えています。

特に今の時代、リードタイムが長いことは致命的です。マーケットが一瞬で盛り上がり、逆にマーケットが一瞬でなくなることもあり、そうした変化への対応がどうしても求められます。リードタイムが短縮できれば、それだけライバルに先んじることができるでしょう。その逆もしかりで、ライバルより時間がかかってしまうと、まともに戦えなくなることも少なくありません。

更に、リリースまでに1ヶ月かかる会社と3ヶ月かかる会社があったとして、後者はより長い将来を予測して仕事をしないといけなくなります。この数ヶ月の差による「先の読み違えリスク」「環境が変わるリスク」は大きく、確実に仕事を進めていくためには仕組みを通じたリードタイム短縮が有効となるでしょう。

最後に、コンカレントマネジメントが大きな効力を発揮する会社の特徴を挙げました。みなさんも自身の会社を見渡したとき、次のようなことが起きていませんか?

・部門やチーム内に閉じた話であれば対応は早いが、部門やチームをまたぐ話となると途端に話が進まない、あるいは時間が劇的にかかってしまう。

・製品開発やサービスリリース等、締め切りが守られないことが多い（あるいはいつも締め切りギリギリとなる)。

・「他部門がやってくれない・他部門が悪い」というような言い訳が多い。あるいは自部門に面倒ごとが起きないように責任を線引きして、他部門との連携に協力しない。

・部門間のお見合い・ポテンヒットに起因するミスが目立つ。

・社長が細かく指示しないと現場が動かない。「失敗したら上の責任」というような雰囲気となっている。

3—1—3 部門別採算管理との掛け合わせで更に強固な仕組みに

コンカレントマネジメントは、前述の部門別採算管理と組み合わせることで、会社は更に筋肉質になり採算が一層高まります。

部門別採算管理は、採算を可視化して強い現場を目指す仕組みです。ただ、採算管理の下ではどこかの採算単位だけが突出して採算が良くなるといったことが起こり得ます。利益を上げられる強い採算単位があること自体は素晴らしいことですが、そうした時には往々にして、儲かっている部門が「自分たちが他の部門を食わせている。自分たちが会社

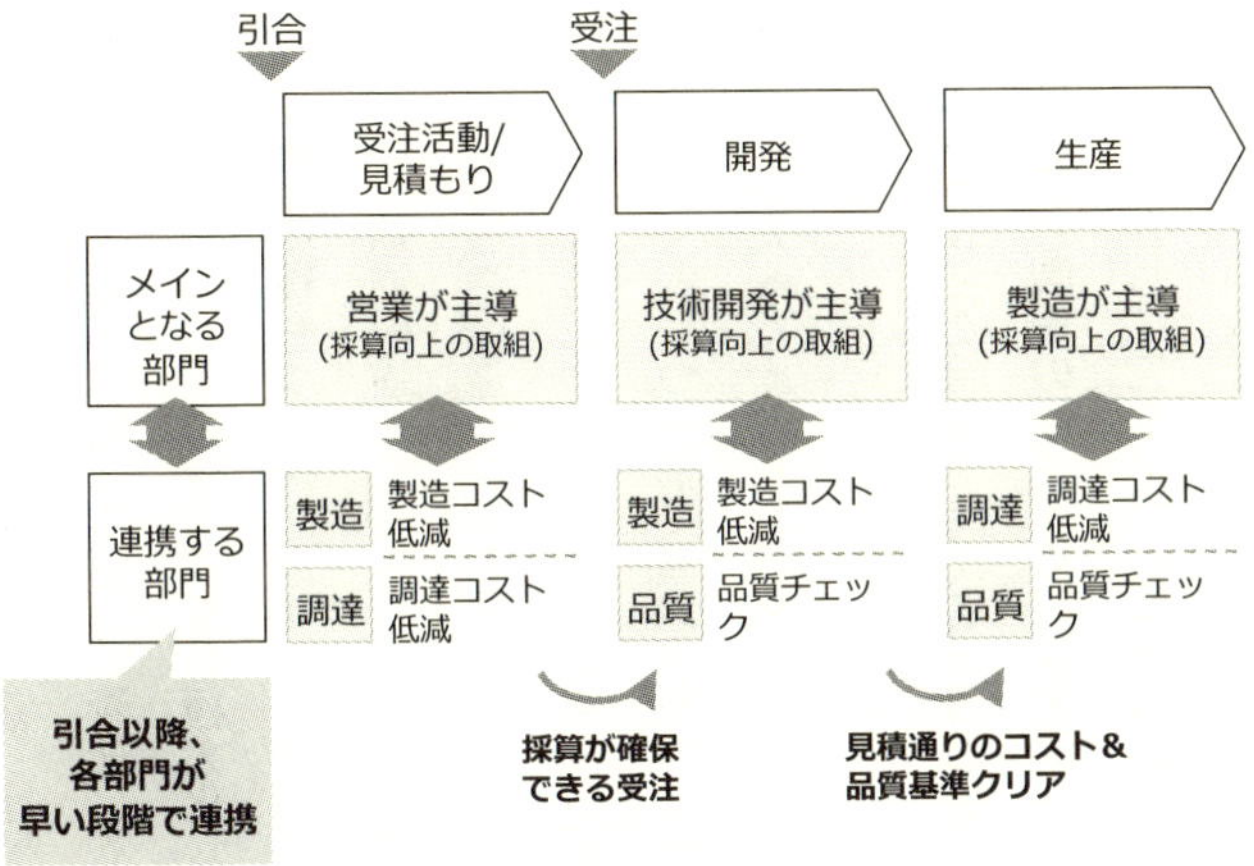

の本流で、他は問答無用で協力すべき」という傲慢さが首をもたげてしまいます。そうした時に会社を更に強くするため、コンカレントマネジメントが重要な役割を果たします。

両方の仕組みを導入しているあるメーカーでは、営業や製造といった各部門が採算を追求する以外にも、日々の仕事の中でクリアしないと先に進めない基準を厳密に設定しています。このメーカーでは例えば大型案件の引合が来て営業が受注すべきと主張しても、製造・調達と連携した上での「採算基準」をクリアしていなければ絶対に次のプロセスには進めません（安易な見積もりを社外に出すことすらできません）。次のプロセスに進めることを承認するのは社長なので、社長をはじめとする全員がこの仕組みに基づき、採算とプロセス基準の両方を正しく管理しています。つまり各部門が連携してプロセス基準をクリアしつつ、その中で採算を極大化しようと日々奮闘しています。

営業が見積もった時に、マーケットプライスを考えると「採算基準」をクリアできない場合は、前述の通り見積もりを社外に出すことはできません。ただそれだけでは受注ができずに製造や調達の採算も悪くなってしまうため、製造や調達が必死で原価低減策を考えるようになることが、当社の力強さの源です。引合段階で全部門が一枚岩となって受注を取りに行くという「前で議論する」状態になっているため、後になって「誰がこんな安値で受注したんだ！こんな価格では作れない！」というようなどこでも聞くような話が起こりません。

ちなみにこの会社も今でこそ高収益企業ですが、昔はそうではありませんでした。かつては営業と製造の仲が悪く、営業は「コストが高い」と製造の悪口を、製造は「営業は安値受注しかしてこない」と営業の悪口ばかりでした（こうした営業と製造の不仲は、うまくいってない会社の典型例！）。

ただ当時、筆者が何度も強調したのは、「自社の製造を育てられるのは営業でしかない。その逆も同じで、自社の営業を育てられるのは製造しかいない。内部で非難しあってもライバルが喜ぶだけ。コストが高くて注文をとれないと製造に跳ね返ってくるので、製造は営業の悪口を言ってる場合ではない。むしろ製造が注文を取るくらいの気概が必要。受注のために製造がどうしたらいいかを考える必要がある」ということでした。そうした考えは、コンカレントマネジメントと部門別採算管理の2つの仕組みと共にこの会社に受け入れられ、今では両方の仕組みが上手く回るようになっています。

3―2 全社の力を結集できた仕組みの導入事例――新商品戦略会議

コンカレントマネジメントの導入例として、ある企業における新商品戦略会議の事例を紹介したいと思います。その前にまず、あるべき商品開発について筆者の考えをお話していきます。

3―2―1 あるべき商品開発を実現するための社内連携

商品開発を正しく進めるにあたっては、次の６つのポイントを押さえる必要があります。

・どういうものを
・どういう品質で
・いつ出すのか
・どんな売り方で
・どれだけ売ってどれだけ儲けるのか
・市場と横展開

この６つのポイントのうち、前者の３つ「どういうものを」「どういう品質で」「いつ出すのか」はどの会社でも押さえられています。一方で、どうしても抜けがちなのは後者の３つ「どんな売り方で」、「どれだけ売ってどれだけ儲けるのか」そして「市場と横展開」。この３つが抜け落ちてしまうため、儲からない商品ができあがり、単発の開発で終わってしまい、その後のビジネスが続かないといった事態に陥ってしまうのです。

■自社にない技術の研究開発から始める場合

	商品化プロセス	概要	コンカレントマネジメントのポイント
新商品戦略会議	①研究開発	・研究開発企画 ・研究開発企画の承認	・企画書を通じた実態見える化 ・営業やマーケと連携し、市場や顧客情報の把握 ・他部門との連携を通じた、コストや品質の検討
新商品戦略会議	②商品設計	・商品企画 ・商品企画承認 ・品質設計審査	・企画書を通じた実態見える化 ・営業やマーケと連携し、価格や売り方の検討 ・製造や調達と連携し、コストの作り込み。同時に、部品調達や量産設計も一部準備
	③試作検証	・試作・評価	＋ 社長は、全社予算や資金繰りへの影響を確認。将来の横展開や投資要否にも目を配る
	④量産移管	・量産化決定承認 ・試作・評価・量産移行	
	⑤量産/出荷	・量産開始承認 ・品質確認・出荷承認	

商品開発が技術開発主導で進められる場合、技術開発だけで後者3つのポイントを考えることは困難です。例えば「どんな売り方で」を考える際には営業やマーケティングと連携する必要がありますし、「どれだけ売ってどれだけ儲けるのか」については、営業やマーケティングだけではなく、コストに直結する製造や調達との密な連携が必須です。更に「市場と横展開」は、顧客や競合と接する営業、技術を知る技術開発、そして会社方針や投資可否を決める

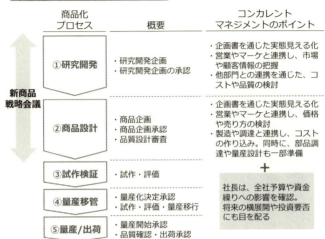

経営者が三位一体となって話を進めることが大事となるでしょう。

筆者がよく知る経営者の一人は、技術出身ということもあり、ある技術を見た時に「今後の展開」を考えるのが非常に上手です。「こういう技術だったら、将来的にこういうシリーズが作れるな。こんな業界にも売り込めるのでは」といったアイデアを出すことができるのです。日々目の前のことに忙しい現場からはこういった「将来の横展開」のアイデアはなかなか出てきません。だからこそ経営者と現場が一体になった開発には大きな意義があるのです。

3―2―2 メーカーにおける新商品戦略会議の導入事例

こうした考えに基づくコンカレントマネジメントの導入事例として、あるメーカーにおける新商品戦略会議をご紹介したいと思います。

このメーカーでは、開発の納期遅れ及び低採算が問題となっていました。特に納期遅れは深刻な状況で、開発の納期遵守率は70%と低い状態にありました。顧客からのクレームは多発しており、信用回復のためには改善待ったなしの状況でした。

こうした状況を受けて、商品開発を抜本的に見直すべく、商品化プロセスにおける「①研究開発」と「②商品設計」のプロセスに、社内連携しながら開発を進められる仕組みを導入しました。プロセス①と②において社内連携を強化する重要な場が、「新商品戦略会議」です。

当社における、新商品戦略会議を中心とした社内連携ルールは次の通りです。これまではこういったルールが曖昧になっており、気付いたら裏で話が進んでいて連携できなかったということが頻発していました。そのため、商品開発を進めるにあたってのルール順守を徹底しました。

・「①研究開発」及び「②商品設計」プロセスは、新商品戦略会議にて内容を検討。このプロセスの完了は、新商品戦略会議における社長承認（会議以外の場でこっそり社長に話を通しにいくという動きは一切認めない）。各プロセスが完了しない限り、次のプロセスには絶対に進めない。

・新商品戦略会議には各部門の責任者が全員出席し、正式なステップを経て決まったことについて、あとで文句を言わない。

商品企画書の項目

商品特性	・商品コンセプト ・企画の背景 ・企画実施の意義 ・商品略図/写真（特徴や仕様）	売り方	・販売戦略 ・販売チャネル ・差別化要因（売れる理由） ・商品価格・見積内訳
外部環境	・ターゲット市場 （市場の大きさ・成長性） ・ユーザー像 ・競合の状況	採算	・売上計画 ・開発予算 ・利益計画 ・製造設備/金型と回収計画
推進	・スケジュール （上市・マイルストーン） ・開発体制 ・推進上の課題	後工程他	・部品・製造工程 ・品質保証 ・特許状況 ・契約

・研究開発企画書、及び商品企画書という形で、経営者をはじめ全部門が中身を理解できる情報を開示する（当社で開示されていた商品企画書の項目は上図参照）。具体的には、営業やマーケティングと連携して商品価格や売り方を決め、製造や調達と連携してコストの作り込みを進める。

・商品化プロセスのマイルストーンを決めておき、進捗が把握できるように設計。今までは一部の情報しか開示されていなかったため、社長や他部門からするとブラックボックスで、「気付いたら大きく遅れていた」という事態に陥っていた。
・社長は全てを現場任せにしない。採算の達成可能性や、売れ行きが良くない時の対応策を事前に想定して承認可否を決定。加えて、目の前の商品開発が全社予算や資金繰りにどう影響するかや、将来の横展開や投資要否にも目を配る。

コンカレントマネジメントの考え方に基づく新商品戦略会議を導入した結果、開発リードタイムは大幅に短くなりました。開発リードタイムはおよそ3割短縮され、納期遵守率は70%が95%にまで大きく改善しました。問題であった低採算についても、研究開発・商品開発段階で全部門が一丸となって「もっと売ろう」「もっとコストを下げよう」と具体的な検討ができるようになったため、開発商品の採算改善につながりました。

3―3 仕組みの更なる高度化―データに基づく意思決定

コンカレントマネジメントの第一段階は、前述の通り「前で議論する仕組み」の構築で

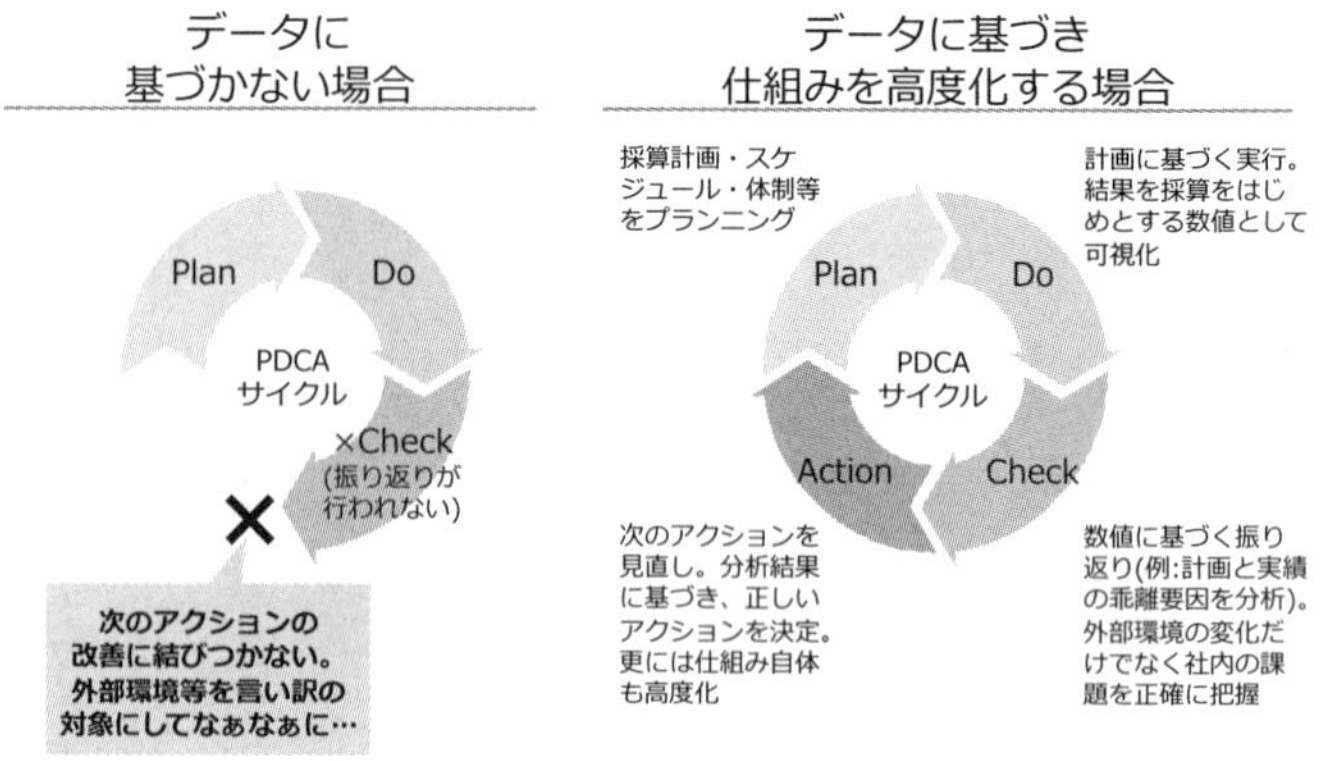
データに
基づかない場合
Plan
Do
PDCA
サイクル
×Check
(振り返りが
行われない)
次のアクションの
改善に結びつかない。
外部環境等を言い訳の
対象にしてなぁなぁに…
データに基づき
仕組みを高度化する場合
採算計画・スケ
ジュール・体制等
をプランニング
計画に基づく実行。
結果を採算をはじ
めとする数値として
可視化
Plan
Do
PDCA
サイクル
Action
Check
次のアクションを
見直し。分析結果
に基づき、正しい
アクションを決定。
更には仕組み自体
も高度化
数値に基づく振り
返り(例:計画と実績
の乖離要因を分析)。
外部環境の変化だ
けでなく社内の課
題を正確に把握

す。この第一段階でも十分効果はありますが、第二段階は「意思決定の質を、データに基づき高度化すること」です。

例えばみんなで議論する時に、各人が勘と経験に基づき話すだけで声が大きいヒトの言うことが通りやすい状態だと、正しい意思決定にならないことも少なくありません。「もっと売れると思う」といった上位者の一言で売上計画が根拠なく引き上げられて余剰に調達したり、「前回と同じということで…」といった前例の踏襲で結論を出して何も改善されないことも。

ビジネスにおいてはクイックに意思決定をして動かねばならないので、データを揃えるのに膨大な時間がかかってしまうのは避けるべきですが、その時に手に入るデータをフル活用することはできます。こうしたデータに基づく意思決定ができている会社では、根拠のあるPDCAサイクルを回すことができるため、意思決定の質が飛躍的に高まっていきます。その結果として、失敗する確率が低くなり、採算が向上していくのです。逆にデータを使わずに勘と経験で仕事を進めてしまうと、失敗しても外部環境をはじめとする他のせいとするばかりで、いつまでたっても改善は進みません。あるいは当たるも八卦当たらぬも八卦の状態になってしまいます。これまでに色々な会社を見てきましたが、正しい振り返りや意思決定の仕組みができている企業は意外と多くありません。

例えば商品開発プロセスにおいては、データに基づき「前回の商品開発はどうして採算が良かったのか?あるいは悪かったのか?」を全部門が振り返るべきです。仮に採算が計画より悪化した場合はまず、左に示すようなデータを使って予実のギャップを定量化しましょう。

・内部情報

開発商品の売上・費用・採算、及び開発期間・工数等

商品開発の振り返り(例)

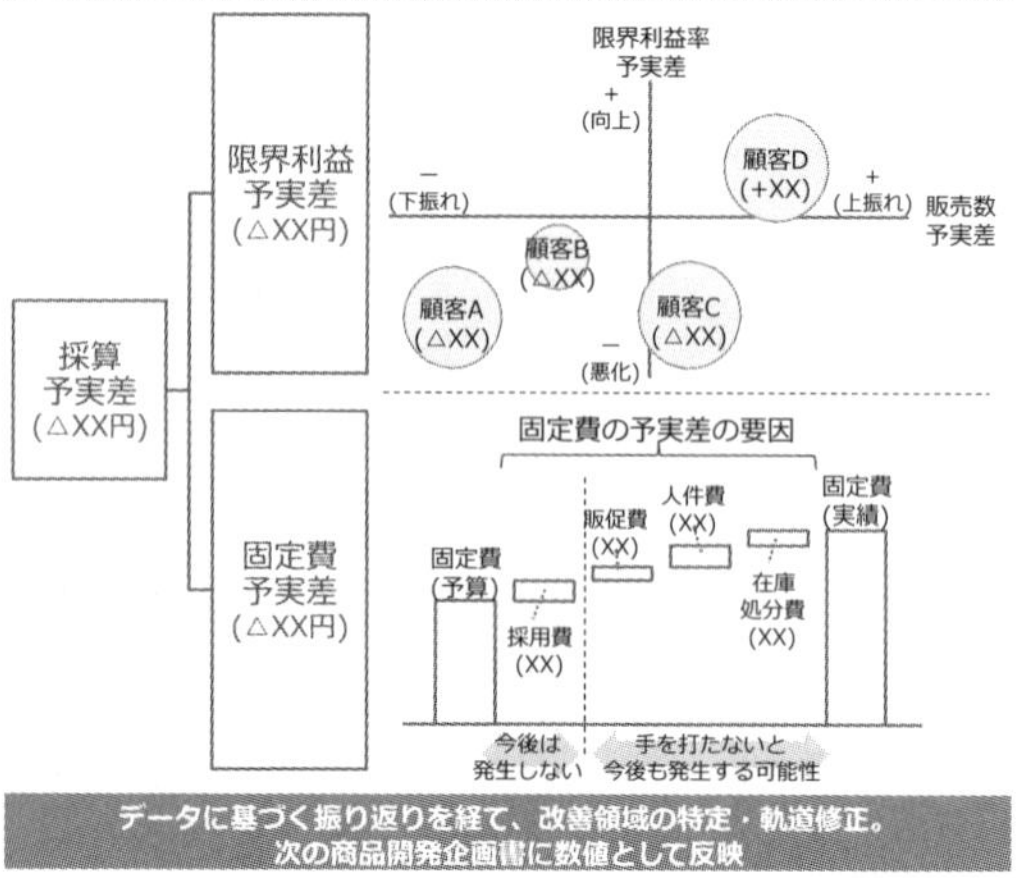

売上詳細（例：計画通りのターゲット層に売れたか？販売チャネルの変化）

残在庫・廃棄・クレーム対応費等

・外部情報

市場における自社と競合のシェア

開発段階で計画していた市場規模やトレンドはどう変わったか？

競合の動きは想定通りだったか？

こうした情報を基に、どうして採算が悪化したのかを分析していくことで、表面上は見えなかった実態が見えてきます。明確に要因分解できないところはあるでしょうが、仮定や前提を置いてでも各要因の影響を定量化しないと改善はなかなか進みません。実は商品力が弱く改善余地があるにも関わらず、それには目をつむって「天候が悪かった」の一言で振り返りを終わらせないための仕組みを構築していくべきだと筆者は考えます。

その上で、次の商品開発のアクションを決めていきましょう。前回開発の採算悪化要因のうち、内部に起因するものは確実に改善して商品開発企画書に反映していきます。更に、正しい振り返りができていれば、外部環境のトレンドや競合の動きを精度高くとらえられるようになっているはずです。こうした社内外の情報をフル活用し、次の開発に向けた作戦を組み立てていきましょう。

ここまでで一回目のPDCAと二回目のPlanまで進んだことになります。その上で次の開発後にまた振り返り…とPDCAサイクルを継続して回していくことで、意思決定の質が飛躍的に高まっていきます。

最後に、データ分析をうまく経営に組み込んでいる事例として、ある小売の取り組みを紹介したいと思います。

この会社では例えば、ある商品が顧客からどういった選ばれ方をしているかをデータで

把握し、その後の売れ行きを予測して最適アクションを決定しています。例えば新商品を発売し、発売直後にテレビCMを打ったとします。発売直後は目新しさとCMの影響もあり売上は跳ね上がりますが、顧客の行動として1回は買ってみたもののその後のリピート購入に繋がっていない場合は、売上はすぐに落ちてしまいます。逆に1回買った顧客にその後も繰り返し買ってもらえる商品であれば、その後の売上は安定的に推移します。

当社では、こうした顧客の行動パターンをデータで把握・分析し、その後追加で仕入をかけるべきか、今後のプロモーションや棚割をどう組み直すかを意思決定しています。データ分析ができていなかった頃は、最初に売れたからとあわてて追加調達して、その後に売上が急に落ち込んで不良在庫が貯まってしまうことがよくあったのですが、今ではそういったケースは起きにくくなっています。

この小売のようなデータ取得&分析の仕組みを構築するには、相当のデータが必要になります。ただこうしたデータ活用の仕組みを通じた意思決定の高度化は、全ての企業にとって今後ますます重要になってくるでしょう。

なお、経営においてはまず、現場が強くなることが必須です。本章の前半で述べた部門別採算管理を通じて、「強い現場」を作り、その上で各現場の強さを「会社全体の強さ」につなげる仕組みがコンカレントマネジメント。このように文明を築くと同時に、全体最適が実現するような「企業文化」を構築していくことも大事です。次章で述べる企業文化というベースが、現場が信頼の下に協力し合う・助け合うといった行動につながるのです。

筆者が以前勤めていた大手電子部品メーカーでも、世間的に有名な部門別採算が導入されていましたが、その強さの源泉は仕組みの素晴らしさだけではありません。企業理念がフィロソフィとして社内徹底されているからこそ高収益が実現されるのです。

第一章でも述べましたが、営業や製造個別の改善手法や各種テクノロジーは、「正しい経営の考え方＋経営の仕組み＋企業文化」というベースがあって初めて効果が発揮されます。ベースを固めた後にその上で経営する、当たり前過ぎることですが、意外と順番が逆になっているケースも多いもの。非常に大事なのに忘れられていることが多いので、改めて最後に強調しておきます。

▼第四章▲

企業文化・風土

1 企業文化が全ての土台

「企業文化・風土」は、「経営の仕組み」と並ぶ、経営におけるもう一つの土台です。この企業文化・風土は、筆者が経営改革に着手するときに、特に着目する点でもあります。というのも「企業は全従業員の意識の総和」であるため、企業文化・風土が会社の土台であり根幹です。言い方を変えると、従業員一人一人がどの方向を向いて仕事をしているかで、会社の企業文化・風土が決まり、延いては会社の業績や将来が決まると考えています。

こうした企業文化・風土の重要性は全ての企業に当てはまる原理原則ですが、目に見えない部分でもあるために、日々意識されることはあまりありません。ただ企業経営の問題は往々にして、「企業文化・風土」が関係しており、この領域抜きに改革を語ることはできません。

本来であれば、各人の意識・力が結集されて、一人ではできないことを実現できるのが会社です。ただ実際にはそうなってない会社があまりに多過ぎます。部門間で足の引っ張

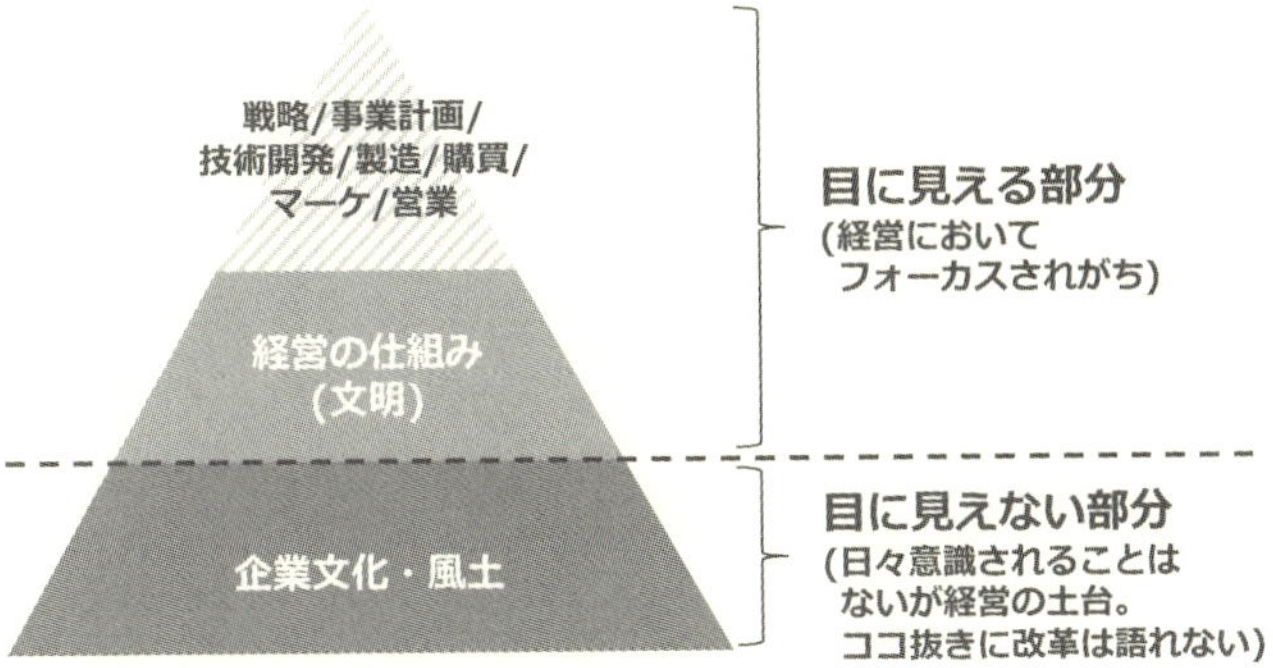

り合いをしたり、言うべきことであっても波風が立つからと言わないでおこうとなったり、非常にもったいないことが起きていると感じています。

ここで、従業員のマインドが大切だと感じた事例を紹介したいと思います。これは、著者が経営不振企業の社長に就任し、実際にその会社を再建する過程で起きた話です。

ある企業再生ファンドがある会社を買収し、そこに社長として送り込まれる形で、筆者はその会社に出向くことになりました。その当時は、ファンドが世間を賑わせる事件があったこともあり、「ファンド=カネの亡者・リストラの鬼」といったあまり良くない

イメージが一般的にありました。そのため筆者がその会社に出向いた当初は、会社の雰囲気は最悪でした。「ファンドから来た新社長は、血も涙もない鬼らしい」「ウチも食い物にされるかもしれない」といったような感じで、誰も心を開かない日がしばらく続きました。筆者自身「会社に行きたくない」と思う朝があるほど、辛かった記憶が今でも残っています。

とは言いつつも、何もしないままでは事態は何も変わりません。そこでまず皆の味方であることを伝えるため、皆が最もやりたくないことを率先してやることにしたのです。それは毎朝のトイレ掃除。毎日、朝一番に会社に来てトイレ掃除を続けていました。最初はどの従業員も「何をやってるんだ?」と様子見だったのですが、数週間ほど続けた頃に、事務員の一人が「社長すみません! 私もやります!」と言って駆け寄ってきたのです。誰もやりたくないトイレ掃除を続けることで、「この人は敵ではない。味方だ」と社員の気持ちが「クローズ」から「オープン」に変わった瞬間でした。

そしてそれ以降は掃除に参加する人も増え、その日を境に皆とコミュニケーションがとれるようになってきたのです。「新社長は自分たちの味方なんだ」という雰囲気が形成されるようになって初めて、自分の改革に対する想いを説明したり、会社を良くする取り組

みを始めることができるようになりました。そして無事に半年後には月次ベースで黒字化を実現し、筆者が社長を辞めた今でもこの会社は好調な業績が続いています。

この会社の再建のきっかけは「従業員に心を開いてもらえたこと」に他なりません。もしあのとき従業員の心を開かないまま、トップダウンの改革プランを打ち立て強引に改革しようとしたり、新しいルールを導入してその通りにさせようとしても、絶対に上手くいかなかっただろうと断言できます。そうした経験もあり、会社経営・企業改革にあたってはこのマインドを非常に大事にしています。

こうしたマインドの変化は、企業再生といったギリギリの局面だけではなく、日々の業務においても重要となります。従業員のちょっとした心境の変化によって、個々人だけではなく会社全体のパフォーマンスが大きく上がったり下がったりします。そのためにこの「企業文化・風土」は、あらゆる改革・改善の土台となります。

2 文明と文化は車の両輪

2―1 会社の中でヒトが変わる3つのケース

前述の経験だけでなく、筆者自身もこれまでに「ヒトが変わる瞬間」を多く見てきました。そこには、大きく3パターンの変わる瞬間があるような気がしています。

1つ目は外から強いショックが与えられたとき、2つ目は継続的に新しいことに接したとき。そして3つ目は取り巻く環境やルールが変わったときです。

1つ目の強いショックとは、例えば会社の業績が悪化して「再生待ったなし」の状況に入ったときが挙げられます。あるいは個人レベルの話では、大きな失敗をしてしまったときやレベルが全く異なる世界に接したときでしょうか。2つ目に関しては、例えば社内で毎日のように「売上」「売上」と言われれば、新人を含めて誰もが売上を意識するようになります。

変わる瞬間の３つ目「取り巻く環境やルールが変わったとき」として分かりやすい例は、昇進をきっかけにそのヒトが大きく成長するケースです。例えばチャレンジを含めて若手をマネージャーに引き上げることで、昇進時は実力がなかった場合でも、マネージャーとして振る舞おうとしたり・周りがそう扱うことで、マネージャーとしての力が身に付くという話はよく聞きます。いわゆる「器がヒトを作る」ケースです。

こうした場合の他にも、「経営の仕組み」を変えることで、ヒトの考えや動きが劇的に変わることがあります。第一章でも触れましたが、文化（企業文化・風土）と文明（経営の仕組み）はクルマの両輪のように密接に関係しています。採算見える化・全社の力を結集する仕組みの下では、やればやるだけ数値となって成果が見えるようになるので、個々人の自立を促します。更にはいい意味での緊張感も生まれるため、会社の雰囲気が変わってくるのです。

2―2 文明作りと社内活性化による業績改善の事例

ここでは、あるメーカーにおける社内活性化の事例をご紹介したいと思います。当社は、筆者が経営者として関わった会社ですが、「経営の仕組みの再構築」と「社内活性化」の2つの改善を通じて業績が大きく改善しました。改革前のX年の売上と利益率を基準とすると、売上は14％増加、利益率は3・5倍になった事例です。

当社の一番の問題点は、「やらされ感」と「営業と製造の不仲」でした。改革前の従業員は言われたことをただこなしていただけで、自ら考えて行動することがほぼない状況。更に、営業が取ってくる短納期の受注に対し、顧客が見えない製造は「そんな短納期ではできない」と文句を言い続け、営業と製造は喧嘩ばかり…と社内の雰囲気は良くありませんでした。

当社における改革として取り組んだことは、大きく2点です。

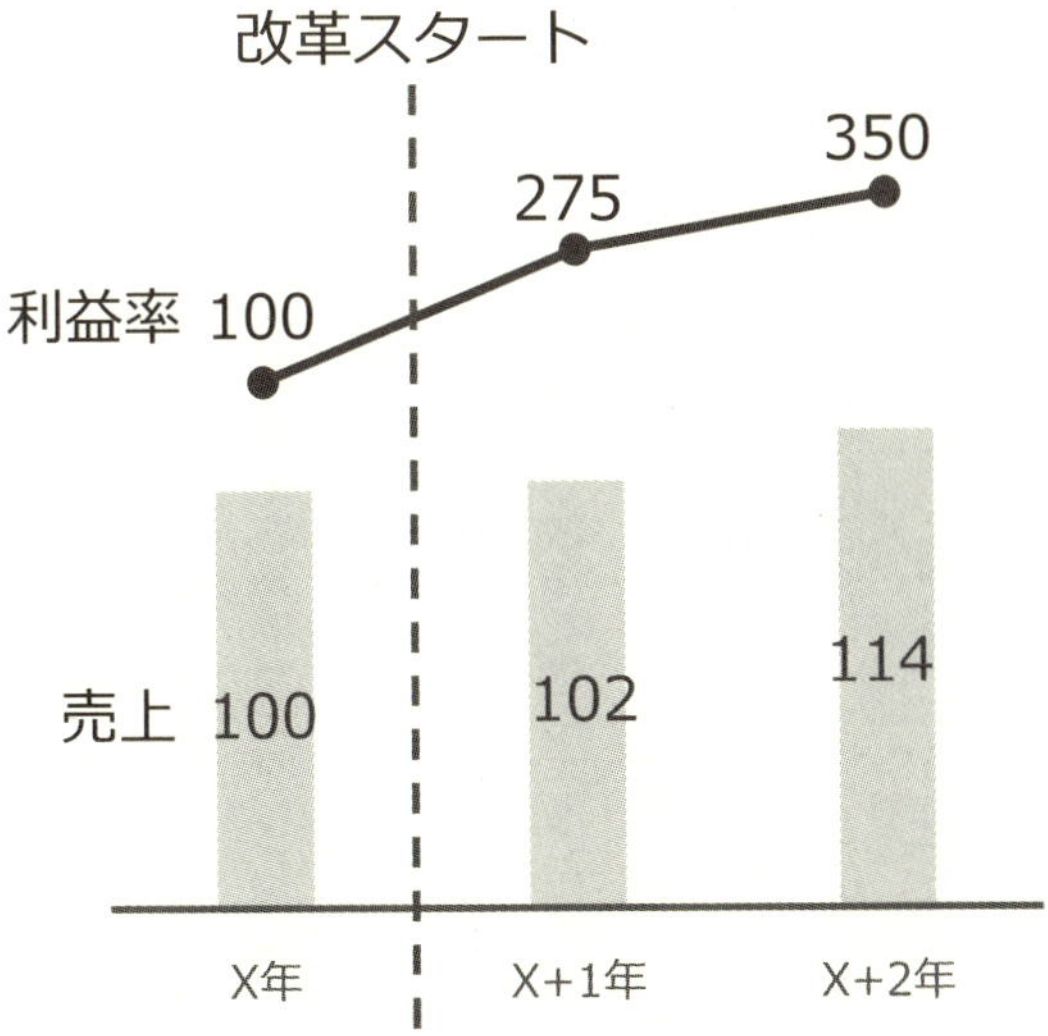

・経営数値を全員に明らかにする採算管理の仕組みの構築。—徹底した情報公開。（採算管理の詳細は第三章）

・可視化された経営数値を基に、皆で考えてやってみようという雰囲気の醸成。—思う所はあるかもしれないが、まずは素直に徹底して取り組もうというリーダーの旗振り。

数値を明らかにするという経営の仕組みから入り、とにかく改革を進めてみようと数名の考え方が変わったことが改革のきっかけでした。

最初は数名から始まった変化が小さな業績改善につながり、じゃあ皆でやってみようという流れとなったのです。こうすると改革は一気に進み、社内の雰囲気として「やらされ感」がなくなりました。全従業員が自分たちで考えて行動するようになり、生産性向上・不良率低下といった目に見える効果が実現していったのです。

更にこうした経営の土台ができたことで、営業と製造の一体化が加速しました。自部門での改善だけでは限界が来てしまうことに皆が気付き、「一つの事業部」を合言葉にして、製販一体となった更なる改革を進めようという機運が高まってきたのです。

具体的には、製造のマインドが「営業がとってきた仕事はなんとかしてやりきる」に変わり、営業のマインドも「更なる受注増のためには製造との連携が必須」に切り替わりました。製造が顧客訪問に同席し、「もっと短い納期でも我々は対応可能です」と顧客に宣言することが差別化につながり、そうして取ってきた受注に応えることで、顧客の信頼を得られるようになったのです。今では「短納期はこの会社に任せれば安心」という認知を顧客から得られる状態にまで至っています。

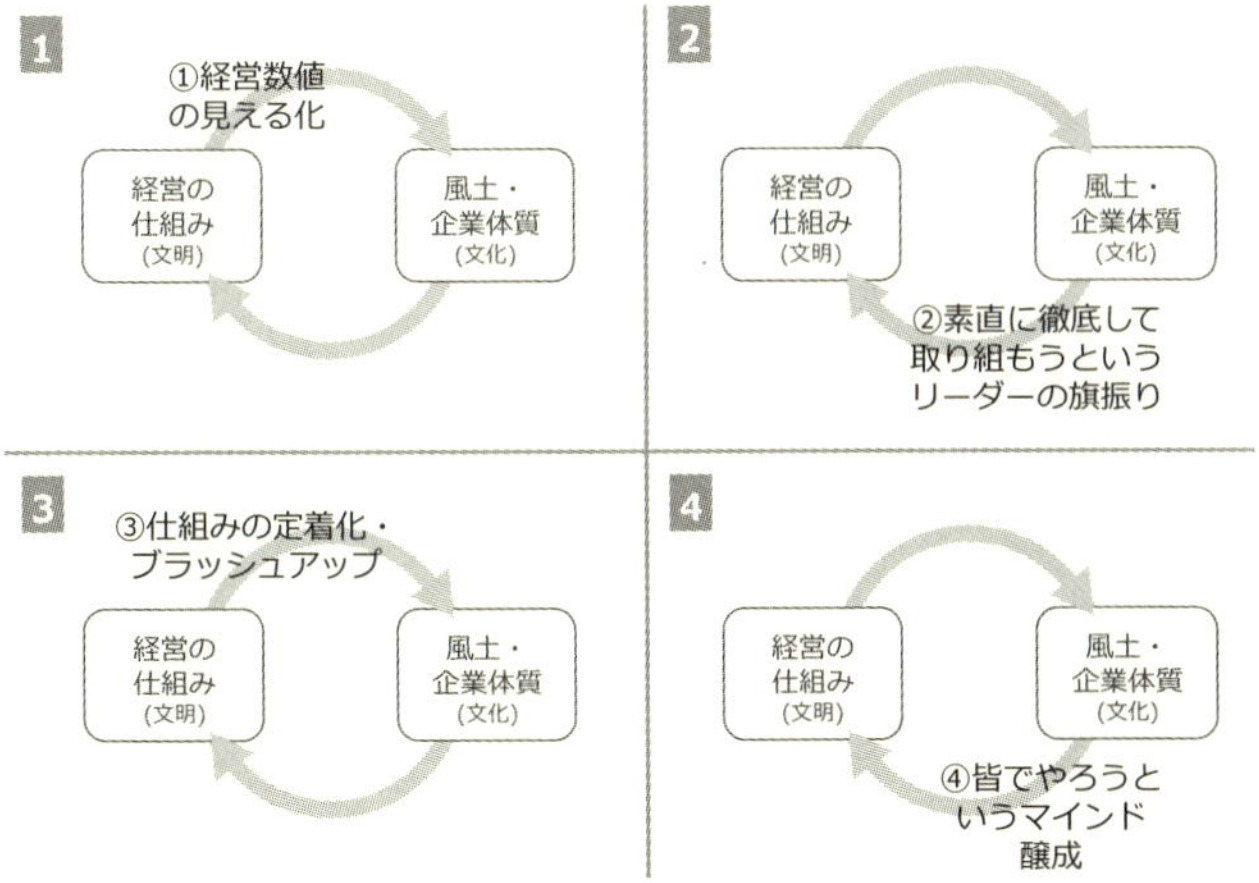

こうして社内が活性化してくると採算管理の仕組みも定着し、会社全体が良い方向に転がり続けていきます。当社はそんな社内活性化の好事例です。

改めて、経営の仕組みと風土・企業体質の改善サイクルをイラストにまとめました。この会社だけに限らず、経営の仕組みが機能するには、こうした社内のマインド醸成が必須です。上記のようなサイクルをうまく回せるかどうかが改革の成否を分けるでしょう。

こうした社内活性化が実現するかどうかは、経営の仕組みに加えて、組織に集うリーダーとメンバーの考え方も大いに関係してきます。次では、それぞれの在り方・考え方に

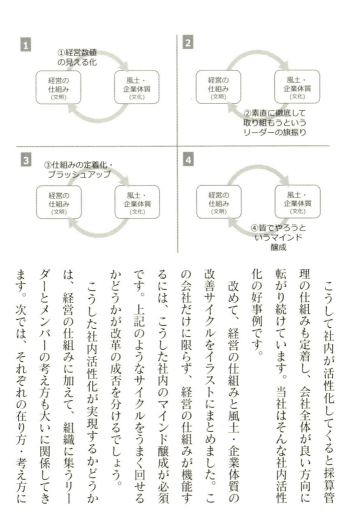

ついて見ていきたいと思います。

3 企業を活性化させる「リーダーの在り方」

「リーダーの在り方」が、文化に与える影響は非常に大きく、リーダーの考え方一つで会社は良い方にも悪い方にも転がります。例えば、ある会社のトップが交代して会社が変わったというニュースを目にすることがあります。素晴らしい戦略を打ち出したり・マネジメント体制を刷新したりといった部分も大事ですが、新体制の成否はリーダーの考え方にかかっているように感じます。筆者自身もこれまでに様々なリーダーの交代劇を目の当たりにしてきましたが、正しい考え方のリーダーとそうではないリーダーでは、結果は天と地ほどに変わります。

特に中堅中小企業においては、リーダーである社長は会社の全てを握っていることが多いため、従業員は社長の考えが間違っていると分かりつつも従わざるを得ないことが少なくないかもしれません。例えば以前に訪問した会社では、オーナー社長自身が「従業員は、自分の言う通りに動くべきだ」「指示通りに動いているか数値で管理しよう」「数値を達成してなかったら厳しく叱責する」という考え方だったために、従業員は完全に委縮していました。結果、従業員は自発的に動くことができず、本来の生産性を実現できずに社長の怒号だけが飛び交い、結果として業績も低迷という最悪の状態でした。

こうした事態の原因の一つは、「リーダーの在り方」と筆者は考えています。企業経営において「リーダーが考えるべきこと」をまとめました。

3―1 働く意義を皆と共有する

リーダーが考えるべきことの一つ目は、リーダーとメンバーの「どうして仕事をするのか?」の価値観を合わせることだと考えています。ここで大事なことは、「仕事はやらされてするものではない」ということ。仕事をする意義は3つあると筆者は考えています。〝ただ単に生活のため〟という理由を超えて、従業員みんなに「自分もやってみよう!」と思ってもらえるかどうかが重要です。

左記が、筆者の考える「仕事をする3つの意義」です。

・家族の生活を守るために付加価値を上げる

自分や家族が生きていくためには、ある程度は稼がねばなりません。ただここで大事なことは、稼ぐためには、付加価値を上げてその対価を顧客からもらうことが大前提です。

・仕事でのみ得られる喜びがある

世の中には様々な喜びがありますが、仕事でしか得られない喜びは多くあります。例えば自分の作った商品が多くの人に買ってもらえているとか、ある産業を縁の下で支えているのは自社の部品だとか、目の前のお客さんに笑顔になってもらえたとか、仕事でのみ得られる喜びの例は枚挙に暇はありません。こうした仕事を通じた喜びは、プライベートの喜びとは一味も二味も違う喜びです。

・仕事を通じた自己実現ができる

自己実現は、マズローの欲求5段階説でいうところの第5段階の欲求です。「生活のため」「お客さんのため」を実現していくと、「仕事を通じて自分らしいことを実現したい」

という考えに至るようになります。大袈裟に言うと「自分が生きてきた証を残したい」という考えです。仕事を通じた自己実現こそ、他のことではなかなか実現できません。

更に筆者はリーダーとして次のように考えます。この世の中で、従業員一人一人と出会えて一緒に仕事をできること自体が、奇跡のような偶然です。こうした奇跡の中で一緒に働くからには、共に良い仕事をして、良いモノやサービスを世に送り出したいと心からそう考えています。だからこそ表面的な関係でなあなあで接するというよりは、仕事においては深く本音で向き合いたいところです。

以前ある会社でこうした話をすると、ある方がいたく感動されたのを鮮明に覚えています。その方いわく「これまでに社内外で色々な話を聞いてきたが、こんなに共感できたのは初めて。私も改めて頑張ってみることにします！」と。こうした経験は1回や2回ではなく、それほどに多くのリーダーは、従業員に働く意義を実感させられていないのではと心配しています。

3―2「会社を支える」という意味ではみな平等

会社においては、社長も部長も社員も全てのヒトが、それぞれの役割で経営に関わっています。例えるならば、一人一人が会社という建物を支える「柱」であって、太い柱も細い柱もありますが、どの柱が抜けても建物は潰れてしまうかもしれません。

ごくまれに従業員を大切にしてなさそうな社長に出会いますが、それでは従業員は安心してめいっぱい働くことができません。社長が全従業員を信用してこそ、従業員からの信用が得られ、会社として一致団結できる土壌ができあがるのです。

筆者が社長として関わった会社の改革においては、改革の初期段階でこのことを全従業員に宣言しました。「私は無条件でみなさんを信頼する」と。この宣言の具体的な行動として、会社経営におけるほぼ全ての情報をオープンにしました。会社の業績や生産性に加えて、評価の仕組みや給与の決め方といった人事制度も情報開示したのです（会社の資金繰りと個人情報以外は全てオープンにしました）。つまり社長や幹部しか知らない情報を限りなく少なくし、平等な条件で会社に関わってもらうようにしました。

特に抜本的な改革を進める場合は、従業員にこっちを向いてもらうことが大事です。「上の方がなんだか改革を進めようとしている。自分には関係ない。余分な仕事が振られると面倒臭そう」と思われると改革は上手く進みません。前述の通り、どの「柱」が抜けても会社は支えられません。各人が大事な「柱」であることを、リーダーである社長が心から信じると共に、従業員にもそう信じてもらうことがポイントとなります。

3—3 正しい判断基準を持つ

リーダーの主な仕事は「判断すること」です。「手を動かすこと」や「足で稼ぐこと」というよりは、その時に手に入る情報を基にその場で判断することが求められます。リーダーの判断が会社に与える影響は甚大で、判断を誤るととんでもないことになりかねません。

どんな局面においても共通して重要となるリーダーの判断基準を、３つ挙げたいと思います。いずれも当たり前なことではあるのですが、実際には基準がブレてしまうリーダー

相手に喜んでもらえると同時に、自分も喜ぶ「接点」を見つける

は少なくありません。

・利他の心を判断基準にする

経営判断においては、「相手に喜んでもらえることが何か」「どうすれば喜んでもらえるか」を常に考えることが必須となります。経験上も、自分の利益を優先して判断した時は上手くいかない気がしています。

経営判断において重要なことは、相手の利益と自分の利益が重なる接点を探すことにあります。相手の利益や関心事を優先させ過ぎて、自分が犠牲になってしまうと、中長期的にはその判断が正しいかは微妙です。顧客と取引をする際に、相手は利益の出る取引なのに、自社は損を出し続けているという話は意外と多いものです！

相手と自分の円の接点を見つけることは一筋縄ではいかないかもしれません。だからこそリーダーは知恵を絞って考え続けることが肝要となります。なお、この相手と自分の接点を見つけようとする仕事は営業そのものです。営業ができる人は、相手の状況をよく見ながらこの接点を見つけられる人であると言えるでしょう。営業の本質については第七章でお話する予定です。

・フェアプレイの精神

特に社内においては、フェアプレイの精神で判断しないと組織はすぐに崩壊してしまいます。中堅中小企業でよくあるのが、経営陣がオーナー一族だけで固められていたり、社長の好き嫌いで従業員の給与が決められているケースです。こうしたフェアプレイの精神に反する判断が続くと、仮にやる気のある従業員がいたとしても、そのやる気はどんどん奪われてしまうでしょう。自分の頑張りが認められない・頑張っても頑張らなくても変わらないことほどがっかりすることはありません。こと人事評価については、リーダーは誰に対しても堂々と・淡々と正しい判断をすべきです。

・公私のけじめを大切にする

特にオーナー企業においては、会社のカネと自分のカネの境目が曖昧になりがちです。交際費がその最たる例ですが、これまで筆者がコンサルとして見てきた会社の中には、赤字会社なのに社長の交際費が月３００万円といった会社もありました。他にも、社長自身のコンプレックスが強い場合は、ついつい見栄を張りたくなることも見逃せません。立派な本社に高額な絵を飾って、高級車を乗り回す…、周りを見返したい想いが心の底にあると余計な支出は増える一方です…。

上に行けば行くほどそうしたカネの使い方をチェックする人がいなくなるため、上の立場の人間こそ自分を律することが求められます。正しい経営ができるリーダーは、ちょっとした金額であっても、会社のカネと自分のカネの境目を決してうやむやにしません。

3―4 将来のあらゆることを想定して経営を舵取りする

会社経営を続けていると、良い時もあれば悪い時もあります。ここで注意したいのは、例えば外部環境が悪化した時に「景気が悪くなったから赤字」と言って、外部要因を言い訳にしてしまうリーダーが少なからずいることです。極端な話、外部環境が良い時には何もしなくても会社は伸びていきますので、強いリーダーはいりません。会社が苦しい時にどうするか考える、あるいは苦しくならないように先手を打とうと考えるのが真のリーダーと言えるでしょう。

例えば100の生産で利益が出るメーカーがあるとします。外部環境の変化で70の受注しかなくなった時、100のキャパシティで70を生産してしまうのが普通の会社です。ただこれでは生産性が落ちてしまいます。生産性は一度落ちると元に戻りにくいので、こういった時こそリーダーとしての采配が求められるでしょう。

筆者が経営していたメーカーでは、景気が悪くなった時には、製造部員に営業に回ってもらったり、現場の改善を進めたりと、生産性を落とすことは決して許しませんでした。

もっと言うと、いざという時に製造部員が営業に出られるように日頃から教育に力を注ぎ、外部環境の悪化に常に備えていました。

筆者がかつての勤務先で徹底的に叩きこまれたことの一つに、「楽観的に構想し、悲観的に計画し、楽観的に実行する」という考え方があります。構想段階で夢を描いて周りを巻き込んだ後は、計画段階であらゆるリスクをシミュレーションしておくことでいざという時に手を打てるようになります。特に中堅中小企業の社長の場合、良い情報しかくれないヒトが周りを固めていることも多々。悲観的に計画するためには、良い情報だけではなく、リスクをはじめとする悪い情報も積極的に求めることが重要です。

立派なリーダーが、何が起こってもどんと構えて動じないように見えるのは、こうした考えが背景にあるからと考えています。計画段階で散々悲観的にシミュレーションしているので、実行段階で何が起こっても全てが「想定内」。動じることなく冷静に対応できるのです。

4　全員が意識したい考え方

このように、企業文化におけるリーダーの影響は大きいのですが、前述の通り「企業は全従業員の意識の総和」でもあります。そのため企業文化を変革して社内を活性化するには、全社員一人一人の考え方も同様に重要です。

ここで筆者が強く思うのは「社員一人一人が、仕事をやらされている状態ではうまくいかない。各人が自らの意思で仕事に取り組む雰囲気を作ることが大事」ということです。もちろんこれは非常に難しいテーマであり、簡単にはできないことも承知の上です。ただ、リーダー一人だけが息巻いている状態では、会社経営はうまくいきません。理想の状態に少しでも近付けるために、試行錯誤しながら整理した考え方を紹介したいと思います。筆者自身も会社経営やチーム運営をする際には、メンバーに対して常々こうした「個々人として、どういうマインドで仕事をするか」を話し続けてきました。

なお、筆者が在籍していた大手電子部品メーカーでは、「人生・仕事の結果＝考え方×

熱意×能力」という考えが重視されていました。考え方・熱意・能力のいずれかがゼロだったりマイナスだったりすると、仮にどれだけ他が高くても、結果はゼロやマイナスになるということです。結果を最大化するために、社員一人一人が意識したい考え方を見ていきましょう。

4―1 自分自身・相手のタイプを知る

仕事において、ある事象が起こったときにどう反応するかは千差万別です。ヒトによって反応が異なること自体は構いませんが、こうした思考の癖が強過ぎるとチームで仕事するには不具合が出ることも。そのためまずは、自分自身のことを冷静に客観的に見ることが第一歩だと考えます。

筆者の経験上、ヒトは左図に示すような4つのタイプに分かれます。縦軸は、何かを考えて行動するときに「自分が心地よいか（快）」あるいは「不満やストレスを抱えているか（苦）」です。前者は「こんなに儲かりそう！　面白そうだからやろう！」といったよ

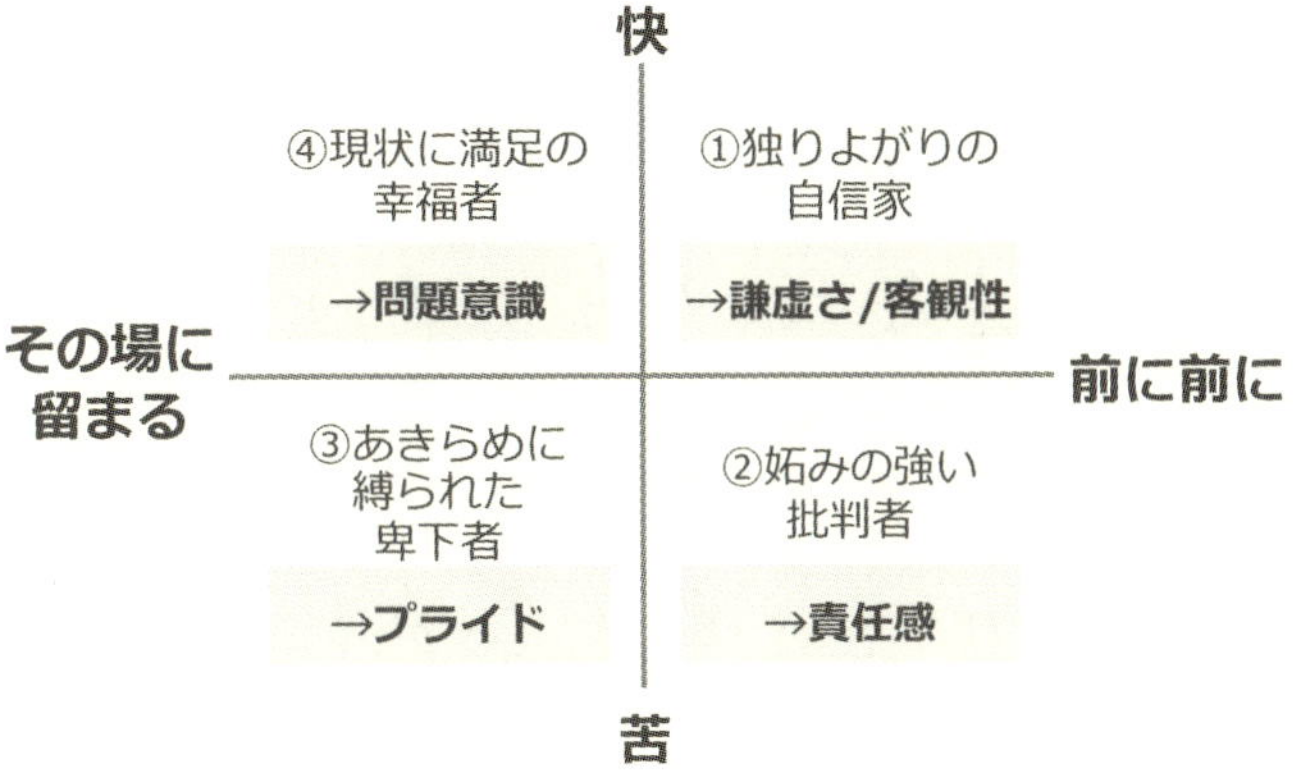

うに快のマインドがモチベーションになりますが、後者はネガティブな側面に目が行きがちで常に不安や不満が伴います。

横軸は、「ひたすら前に進もう・成長しようとするか（前に前に）」あるいは「あまり前に出たくない・成長はそこそこでいい（その場に留まる）」という志向の違いを表現しています。

分かりやすくするために4つのタイプに分けていますが、もちろんいずれか1つのタイプに絞られることはありません。一人のヒトがどの要素も持っています。ここで大事なのは、自分自身の思考の癖に気付いて暴走してしまわないこと、そして別タイプのヒトを理解することです。それでは各タイプの概要と、それぞれにおいて必要なことについて考えていきましょう。

①独りよがりの自信家

いわゆる「前に前に」「自分が自分が」というタイプです。創業社長や勢いあるリーダーはこのタイプであることが多いです。良いと思ったものには飛びつき、行動するエネルギーも高いため、本人だけではなくチーム全体を大きく成長できる可能性が高いタイプです。その一方で、後ろを振り返ると誰も自分についてきていないとか、本当の情報が入ってこないといった「裸の王様状態」に陥る危険性も持ち合わせています。自分が常に正しいとは限らないため、謙虚かつ客観的に自身を見つめ、周りの声に耳を傾けることが重要となります。心地よいと感じれば感じるほど要注意！

②妬みの強い批判者

このタイプは技術者をはじめ優秀なヒトが当てはまることが多い気がします。このタイプの特徴は、前に進もうとするときの問題やリスクが常に気になります。更には自分自身だけではなく、周りの欠点も目についてしまうため、文句や批判が多くなりがちです。ひどくなると、批判ばかりで評論家っぽくなってしまうことも少なくありません。

このタイプは問題を正しく認識できるため、「責任をもって自分が解決する」という自覚を強く持つことで、高いハードルを乗り越えることが可能となるでしょう。

③あきらめに縛られた卑下者

うまくいかないこと、ネガティブなことに着目してしまうことは「②妬みの強い批判者」と似ていますが、このタイプは「自分ではどうすることはできない」「どうせ自分なんか」という考えになりがちです。そういう考えに縛られているため、なかなか前進や改善につながりません。ネガティブやリスクに目が行くこと自体は慎重さや用意周到の裏返しでもあるので、プライドをもってコトに当たることで成長や改善につながります。

④自己満足の幸福者

現状に満足しているため、無理してまで成長を求めないタイプがここに当たります。短期的には本人的にも問題はないのですが、問題意識がないために、いわゆる「ゆでがえる」のように、本人も気付かないうちに少しずつ後退してしまうリスクが大です。このタイプは、現状に対する問題意識、及び将来への理想像を持つことで言動が変わるでしょう。

4―2 随所に主になる

「随所に主になる」はある高僧の言葉で、「いつ・いかなる状況にあっても、周りに振り回されたり束縛されることなく、主体的に考えて行動すべきである」という意味です。会社においては、どんなヒトであっても仕事の主役になれますし、主役になるべきです。仮に上司の指示を受けて作業をする立場にあったとしても、作業をする本人がどう取り組むかによって結果は大きく変わります。もっと言うと、仕事においては「渦の中心になること」が重要です。ここでいう「渦の中心」とは、仕事の中心的な役割を果たすという意味に加えて、周りを巻き込んで渦そのものを大きくするように働きかけるという二つの意味があります。「渦の中心になること」によって、最初は小さな仕事であったとしても、周りを巻き込みながら仕事そのものを大きくすることが可能となるでしょう。

誰でも渦の中心になれる例として、5Sの例を挙げたいと思います。5Sつまり整理・整頓・清掃・清潔・躾は多くの会社が取り組んでいることですが、5Sは職場や工場をキレイにするための単なる作業ではありません。実は5Sは会社の体質を変える第一歩になる活動です。というのも、真剣に5Sに取り組んでいると、「ここにモノがあると作業効率が悪くなる」とか、「書類はこう整理すれば管理しやすくなる」といったように工夫できるポイントが色々見えてきます。こうした日々の工夫の積み重ねが、自発的に改善が進む企業文化を作り上げていくのです。

更にこの5Sは、新人から社長まで誰もができることです。別の言い方をすると、新人一人が始めた5S活動が職場の改善につながり、延いては他部門も巻き込みながら会社全体の改善につながる活動でもあるのです。このように、5Sという一見シンプルな活動を通じても、誰もが渦の中心になれるのです。

4—3 自分だけの独創性を仕事に込める

日々の仕事においては、わずかでもいいので自分の発想や工夫を仕事に加えましょう。日々のちょっとした独創性・クリエイティビティの積み重ねこそがヒトにしかできない付加価値です。独創性を発揮できている限りは、そのヒトは成長し続けるでしょうし、将来的にシステムやロボットに仕事を奪われることはないと筆者は考えています。

では独創的でクリエイティブな仕事をするにはどうすればいいいか？　その答えは「その仕事になりきること」です。

日々の仕事に打ち込んでいると、つまり仕事と一体化すると、仕事の本質や改善点に気付くようになります。こうした自分だけの気付きを仕事につなげることが、独創性やクリエイティビティにつながります。例えば仕事が自分事になると、嫌でも様々なことが気になってきます。「今は順調だけどこんなリスクがあるなあ。先手を打って準備しておこう」「こんな段取りをしておけば物事が前に進みそうだ。大きな進め方だけでも事前にあの人に相談しておこうかな」といったことが次から次に思い浮かびます。自分事として仕事を進めていると結果が出ます。そうすると仕事が楽しくなると同時に、次のステージの仕事を任されるようになるため、より大きな仕事や新たな経験ができるようになる…という好循環に入ることができるでしょう。

時々、「今の仕事が面白くないんです。どうすれば仕事は面白くなりますか？」と聞かれることがありますが、その答えがここにあると考えています。いつも仕事が面白くないと言っている人は、仕事に打ち込んでいないから面白くならないのです。まずは仕事に打ち込むことが先です。仮に今は権限や責任がなかろうと、自分事として責任もってやり遂げていると、仕事に対する考え方そのものが変わるでしょう。

なお、この独創性・クリエイティビティは特別な仕事の話ではなく、どんな仕事においても自分らしさを込めることは可能です。例えば、石田三成と豊臣秀吉の出会いに関する有名な話として「三献の茶」の逸話があります。内容は諸説ありますが、当時小姓だった三成が、秀吉に気配りある茶の出し方をして、秀吉に気に入られて召し抱えられるようになったという話です。三成は当時、喉が渇いていた秀吉の様子を見て、一杯目はぬるめの茶を・二杯目は少し熱めの茶を・三杯目は熱い茶を出すというように、相手を思いやる行動をとったことがポイントです。言い換えると、三成はお茶くみという一見シンプルな仕事に独創性を発揮して、それがきっかけとなって後に武将となったのです。たかがお茶くみ・されどお茶くみ。どんなことにでも自分だけの独創性を込めることは可能です。

4—4 壁にぶつかったときこそ踏ん張る

仕事をしていると、必ずと言っていいほど壁にぶつかります。困難に直面したときにどう対応するかによって、そのヒトの真価が問われます。筆者の考えでは、壁にぶつかったときに身をかわすヒトは成長しません。困難から逃げて成長しない理由として次のようなことが挙げられます。

・困難を乗り越えて次のステージに進むのに必要な実力がつかない。
・困難の乗り越え方を考えない代わりに、逃げる言い訳ばかりを考えてしまう。
（周りには言い訳だとばれているので信頼をなくす。次のチャンスが与えられない）

・逃げグセがついて、安きに流れることが常態化してしまう。

なお、困難を回避した瞬間は楽になるかもしれませんが、困難はその後も追いかけてくることが多い気がしています。逃げ出した困難は、形を変えて、更にはもっと大きな困難として目の前に再び現れるでしょう。例えば、関係部門の納得感の醸成が大変だからとそれを怠って後で大問題になったり、本質的な品質改善を徹底せずに出荷してしまったために大クレームにつながったり…と陥りやすい落とし穴は至るところにあります。

ビジネスパーソンとして本当に成長するためには、時には自らを追い込むことも必要です。退路を断って困難に真摯に向き合うことで、初めて見えてくること・経験できることがあります。「勇気をもって事に当たる」、つまり自分の信念を持って逃げずに立ち向かう勇気も必要です。

▼第五章▲

戦略／勝てる構造／事業計画

1 中堅中小企業にとっての戦略とは？

中堅中小企業の中には、ずっと同じ事業規模・陣容・役職、といった会社は少なくありません。つまり成長していない会社です。会社がずっと成長しないままだとどんなことが起こるか？　筆者は経験上、経営としてはあまり良くないという印象を持っています。

「成長は全てを癒す」という言葉があります。「売上さえ伸びていれば、会社の仕組みや文化に多少問題があっても、大きな問題とはならない（大きな問題にはしない）」といった意味合いで使われているようです。確かに、売上が増えていくことでヒト・モノ・カネの新陳代謝が高まるという側面においては、成長は良いと考えています。新しくヒトが採用され、工場や店舗はフル稼働し、給与アップや新規投資といったことを通じ、社内の士気も上がっていくことでしょう。

その逆の、成長しない状態つまり「停滞」したままだと、「停滞は全てを潰す」となりかねません。成長しない状態が続くと、例えば次のようなことが起きてしまいます。

・仕事内容をはじめ、社内の顔ぶれ・役職が変わらず、なんとなくマンネリ。社内政治や派閥作りに熱心なヒトが出てきて、顧客向けの時間ではなく、社内調整や人間関係絡みに取られる時間が増える。

・給料は変わる兆しがなく、「新たな仕事はやりたくない」という雰囲気となってチャレンジが生まれない。

・今の作業をやっていれば良いというヒトが増える。自分でモノを考えて工夫できるヒトが減ってしまい、いざ勝負というタイミングで会社として戦えない。

こうした事態を避けるためにも、中堅中小企業であっても、健全な経営には成長は不可欠だと考えます。

では、成長のためには何が必要でしょうか？　成長が「マーケット次第」つまり「運任せ」な会社は意外なほどに多いのですが、これはいただけません。マーケットが今後成長することが確実に見込めるならば「マーケット次第」もありかもしれませんが、今やそんな時代ではありません。やはり自分から何らかの手を打っていかないと、会社の成長は期待できないでしょう。

ちなみに、課題を見つけて改善を進める・内部を固めることももちろん大事ですが、いわゆる「守り」だけでは継続的な成長はできません。既にコスト削減をかなり進めて、乾いた雑巾を絞るかのような状態になっている会社も少なくありません。ムダは撲滅すべきですが、将来に向けた投資まで削っている会社も見受けられます。それでは足元は良いかもしれませんが、今後の成長は難しくなります。

ヒトもモノもカネも限られている中堅中小企業の「攻め」、つまり成長するためには「戦略」が重要な要素となります。成長するためには「今までとは違う何か」をせねばなりませんが、限られた経営資源をどう駆使するかの意思決定が、まさに戦略の要です。

第一章でも述べましたが、中堅中小企業における戦略のポイントは、自社の「勝てる構造」を確立すること、つまり「限りある経営資源を活用し、他との差別化を明確にしつつ自立したビジネスができるようになること」です。そして「勝てる構造」を、現場の販売戦略や採算管理の仕組みに落とし込むこと。ここで、現場への落とし込みに重要となるのは事業計画です。もちろん形だけの事業計画だけではなく、ちゃんと社長の魂の入った事業計画です。

「勝てる構造」については本章2にて、「事業計画作成と、現場への落とし込み」は3にて詳しく見ていきたいと思います。

2 自社の勝てる構造を作る

2―1 勝てる構造とは？

「勝てる構造を作る」をイメージして頂くために、まず事例を2つ紹介したいと思います。いずれの事例もキーワードは、「今ある経営資源を生かしながら、論理的にどうすれば勝てるかを考え抜いたこと」です。

最初の事例は、ある地方の食品メーカーにおける市場開拓です。

このメーカーの主な顧客は、同地域の小売店あるいは卸でした。特に卸向けの商売が多

く、卸を通して別地域にも販売していたものの、どこに／いくらで／どう売るかは自社では決められずに卸任せでした。つまり「ただ作っているだけ」の状態だったのです。この会社は、新商品開発に力を入れようとしていましたが、卸経由での販売が多かったために消費者が求めるモノが分からず、あまり売れない商品ラインナップとなっていました。なお、地元以外にも東京に営業所があったのですが、距離が遠かったこともあり本社がマネジメントできずに「何をやっているか分からない無法地帯」となって、東京の売上はほとんどありませんでした。つまり国内の最大マーケットを押さえられずに、同じ地域のみで商売をしていたために、人口減に伴って経営はジリ貧状態だったのです。

こんな状態から筆者がコンサルに入り、「どうやって自社の勝てる構造を作っていくか」の議論を社長とする中で、次の考え方で戦略の意思決定をするに至りました。

意思決定内容は、「今のままではジリ貧なので、全社を挙げて真剣に新たな市場を開拓していく」。そしてこの新規市場で勝つために重要となる、「ターゲット市場の選定」「差別化要因の確立」「売るための体制構築」の3点を深堀検討していきました。

・ターゲット市場の選定

開拓市場のオプションとしては、例えば隣の地域・一番近い大都市・海外といった候補も挙がったのですが、市場の状況や実現可能性を検討した結果、足場のある「東京」を選択。当時、東京営業所の売上は小さかったものの、東京の会社との接点は色々あったために、「市場開拓の足掛かり」という現実的な要素を重視して、ターゲット市場を決定しました。

・差別化要因の確立

東京をターゲット市場として考えた場合、各地方の同業他社も同じように卸任せで商売していたため、東京で頭一つ抜きん出るためにこの会社が掲げた方針は「東京営業所を足場に、全社を挙げてマーケットに近いところで勝負する」というものでした。

当時の小売店における当社製品は、売り場がどんどん小さくなっている状態でした。というのも自社製品のカテゴリ全体が消費者から選ばれなくなっており、競合品も含めて市場が縮小する最中だったのです。つまり当社の戦い方は、同業他社だけではなく、他カテゴリの食品メーカーも含めた戦いにシフトしていました。地元では自社商品は根強く選ばれていたのですが、東京ではそんなことが起きている…、この会社にとってはかなりの驚きだったようです。

そこで社長は、「全社を挙げて、マーケットに近いところで勝負する」ことにこだわり、お店でどんなことが起きているのかの現場情報も拾いつつ、価格や品質をマーケットにミートさせるために、製造や開発を含めた改革を全社で進めることとしました（第二章の原価創造、そして第三章のコンカレントマネジメント参照）。「こうすれば差別化につながる」という魔法の杖はありません。だからこそ社長は、他の中堅中小企業が踏み込めていない全社改革を進め、差別化要因を確立しようとしたのです。

・売るための体制構築

市場開拓というと、営業ができるヒトが選ばれがちですが、差別化要因を実現するためには、「営業ができる」だけでは不十分です。つまり、「全社を挙げて、マーケットに近いところで勝負する」には、製造や開発とも連携がとれる人材が必要です。当社の場合は、ある部門のリーダーがその要件を満たしていたため、経営判断としてそのリーダーに東京

ターゲット市場の選定		差別化要因の確立		売るための体制構築
足場が少しでもある東京のマーケットの拡大	×	全社を挙げて、マーケットに近いところで勝負する（原価創造・コンカレントマネジメント）	×	差別化要因を確立するため、「営業ができる」だけではなく、製造や開発と連携がとれる人材の配置

に行ってもらうことで、改革が実際にスタートしました。

そしてそのリーダーが抜けた穴は、サブリーダーをはじめとする本社人材でカバーすべく、戦略見直しに合わせて本社の組織体制を刷新していきました。当初は混乱もありましたが、そのサブリーダーは今では立派なリーダーとして事業を回しています。筆者自身、「環境や器がヒトを作る」こと実感した事例でもあります。

当社の勝てる構造の特徴は、よくありがちな「なんとなく東京のマーケットが大きそうだから東京で市場開拓したいよね。××さんが営業得意だからとにかく行って来てなんとかして。よろしくね」という意思決定ではないということです。自社の状況や限られた資源を考えて、勝てる構造を作るためのポイントを押さえつつ、「全社を挙げて、マーケットに近いところで勝負する」という改革を断行したのです。

中堅中小企業における勝てる構造を考えるため、他の事例も見ていきましょう。

この会社は産業機器の部品を作っているメーカーで、コアとなる技術は自社開発です。当社がターゲットとしていた領域ではそれなりのポジションを築いていたものの、ここ数年の成長はなし。一方で海外勢をはじめとする競合が安い価格で攻勢を仕掛けてきており、戦略の見直しが待ったなしの状況でした。

当社が見直した「勝てる構造」は、産業機器だけではなく、一般消費者向け製品の部品も手掛けることでボリュームを確保し、価格競争力をレベルアップするというものでした。技術的にはかなり先行していたので、技術を足場にボリュームを取りに行くことで勝ち見込みが十分にある意思決定でした。

ただ当社の場合はもう一歩踏み込んで価格競争力を高めに行ったのです。生産量を増やすことによる1個当たりのコスト削減だけでなく、ボリュームが増えた後の姿を想定して、サプライチェーンにおけるモノの流れを整流化してコスト構造を見直しました。当社製造

は組み立てメインでそこまで難易度が高いものではありません。これまでは2ヶ所ある工場のうち、本社工場でほぼ製造を終えて別工場に運び、別工場での最終工程を経て出荷していましたが、モノが大きいこともあり物流効率は低水準でした。例えるなら「空気」を運んでいた状態。それを2ヶ所ある工場でどこまで製造するかを見直すことで物流効率も高め、価格競争力を劇的に高めることに成功しました。

こうした事例に共通する「勝てる構造を作る」ために一番大事なことは、第一章でも述べた「イノベーションを起こす」ことです。表面的なことだけを改善してもすぐに真似されて差別化要因とならなくなります。中堅中小企業における「小さなイノベーション」は大事なことなので、次で更に詳しく見ていきたいと思います。

2―2 小さなイノベーションを起こす

「イノベーション」と言うと、新しいテクノロジーを使って云々…と一般的になりがちですが、ここで言うイノベーションとは、決して大層なものではありません。筆者自身、会社経営においてはあらゆる領域で「小さなイノベーション」を起こすことができ、それが各社の勝てる構造につながると信じています。

例えば「イノベーション」の切り口として、次のようなことが挙げられます。自社ができる範囲内で、どこまでイノベーションを起こせるかが勝負を決めるでしょう。

売るモノ（製品・サービス）
売り先（市場・顧客）
売り方（販路・営業・マーケティング）
作り方（製造・技術開発）

第一章で述べた「直営店舗を始めた会社」の場合、決して大きなイノベーションではありません。ただビジネスにおいて外せない〝顧客ニーズを直接把握する〟という意味では、「勝てる構造」を作るための大事な第一歩となりました。

更に、前述の事例の1社目における「イノベーション」は、もう少し大きな範囲に及び

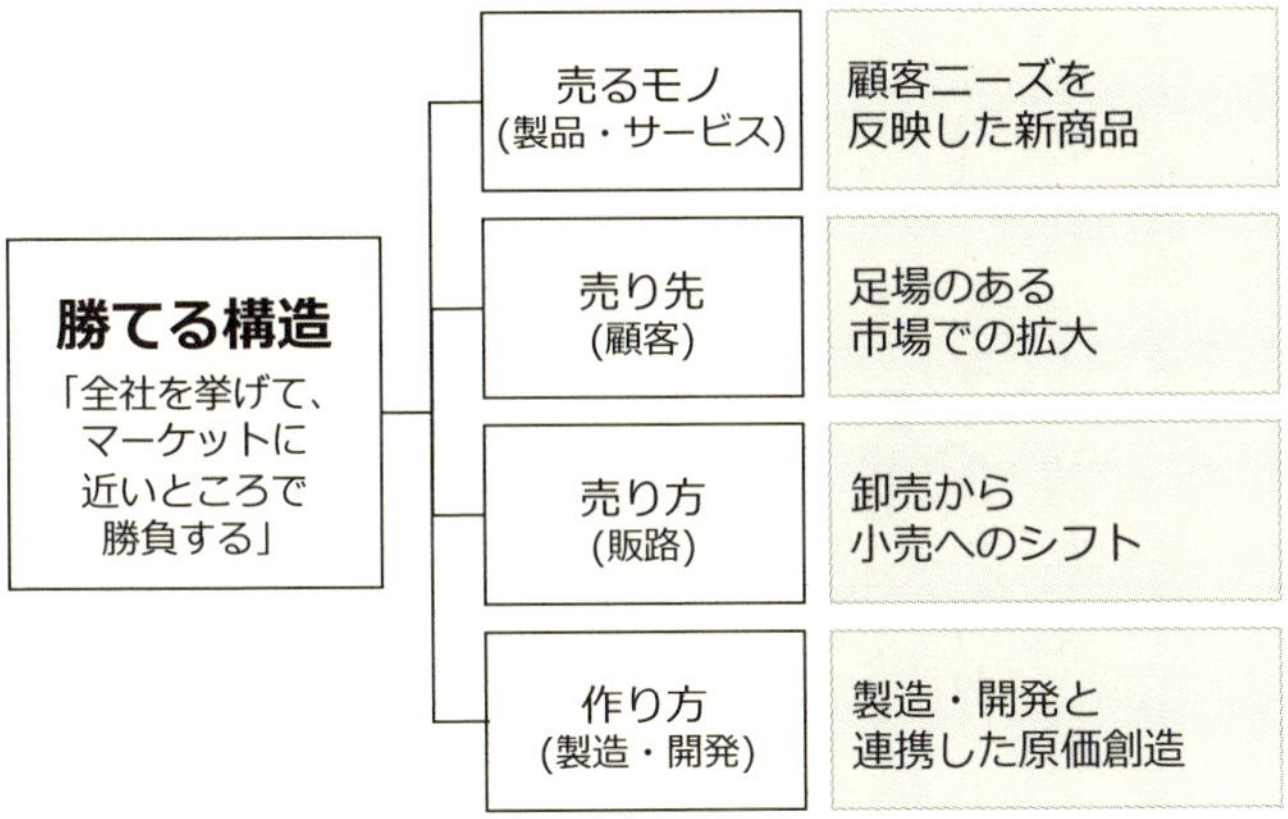

ます。このメーカーは、売るモノ・売り先・売り方・作り方を総合的に見直すことで、勝てる構造を作っていきました。2社目の例では、売り先と作り方を見直すことで競争力を高めたことがイノベーションです。

最後に、中堅中小企業が小さなイノベーションを起こすための考え方をいくつか挙げたいと思います。

・自分たちの強みを生かすためにはどうすればいいかを考える

「こうしたい」「こんなことができたらいい」という理想があったとしても、理想だけでは経営は回りません。理想と実現可能性の両方の追求が重要となりますが、その際は「今ある自分たちの強み」が起点となります。一般的に「強み」は他との比較で浮き彫りになるので、他社と比べて何が強いかを認識することが重要です。自社の強みを起点に、どうすれば今より顧客に喜んでもらえるか?を考えることこそ王道であり、近道です。

逆にやってはいけないのは、「XXという技術が話題らしいから、XX技術を使って何かできないか?」という発想でイノベーションを起こそうとすることです。

・ロジカルに考える

中堅中小企業がイノベーションを考える際は、ファクトに基づき論理的に考える必要があります。その理由は、ロジカルに考えないと再現や軌道修正ができないためです。「こうすれば、ああなるはず」「当初はこう考えていた」…というストーリーや前提を明確化しておけば、上手くいったときに再現することも、逆に上手くいかなくて軌道修正することも可能となります。

世の中を変えるほどの大きなイノベーションはロジカルさだけでは生まれないかもし

れませんが、中堅中小企業が必要なのはこうした満塁ホームランではありません。ヒットを継続して打てれば、中堅中小企業は継続的に成長できるでしょう。そういう意味でも後で振り返りができるようにしておくことは重要です。最悪なのは、思いつきでたまたま当たって採用や設備投資をしたが、どうして当たったのかが分からずに後が続かないケースです。採用や設備投資で固定費が膨らんだ一方で、肝心の収入が増えない…もう典型的な失敗例です。

・市場変化に合わせて柔軟に変化できるように考える

諸行無常のこの世の中、変わらないものはありません。上手くいっていた事業が、市場変化によって一気に厳しくなったという例は枚挙に暇がありません。そのためイノベーションを考える際にも、常に変わることを念頭に置きながら、考えを進める必要があります。

当初想定していたアイデアが万が一ダメになった場合の二の矢・三の矢を常に考えられているリーダーに時々出会いますが、こうしたリーダーが率いている会社やチームは本当に盤石です。外部環境の変化に対しても右往左往することがありません。

3 事業計画にまとめ上げる。日々の経営に落とし込む

3―1 事業計画は会社経営の軸

色々な社長とお話していると、「事業計画」を勘違いしている方が残念ながら少なくありません。例えば、外部から「事業計画を出せ」と言われて作ったが、実際には数値遊びになっているだけで、提出後は誰も見なくなっている、という会社は本当に多いです。こういう社長からは「事業計画なんて作っても意味がない。外部環境は刻一刻と変わるし、計画通りに行った試しがない」というセリフが出てきます。こういうセリフを耳にすると、正しい経営がなされてないことを実感してしまいます。

事業計画は、勝てる構造の構築をはじめ、会社全体でどんな経営を行うかを表す軸です。事業計画を作らないことは、航海に例えるならいつまでにどこを目指すか、途中でどの港に立ち寄るのか、船にはどんなクルーがいて、どんな物資があるのかを明らかにせずに出

港してしまうようなものです。クルー視点からするとそんな船には怖くて乗ることはできません。船長である社長自身は「どう舵取りするかは、自分の頭の中にちゃんと入っている」と言うかもしれませんが、経験上、そうした社長の頭の中で、何が問題で・どんな対策をして・どんな数値になるかといった「正しい経営のかじ取り」が整理されていることは少ないような気がします。こうした状態のまま出港してしまうと、本来は備えられたはずの嵐にも対応できずに転覆してしまうでしょう。

経営においては、事業計画という一本筋の通った指針があることで、日々の経営における迷いが少なくなります。経営を取り巻く環境は刻一刻と変わっていきますが、ベースとなるマスタープランと実績との差を明らかにすることで、今がどんな状態なのかを正確にとらえることができるようになるでしょう。

予実差が発生した時に、差の原因をロジカルに考えることで、打ち手はおのずと見えてきます。例えば、利益が計画より小さかった場合、コスト削減計画が進まなかったのか、受注できると予想していた案件がなくなったのか、為替前提が変わったのか、そしてその原因はリカバリ可能なのかといったことを一つずつ考えていくのです。コスト削減計画の頓挫は自社起因の可能性が高いでしょうし、為替についてはコントロールできないので考えても仕方ありません。受注見込案件がなくなった理由について、営業は「顧客側のいかんともしがたい事情で」「競合が思いのほか」と言うでしょうが、根っこにある理由は自社の Quality・Cost・Delivery レベルかもしれません。

実態が分かれば正しい判断もできます。事業計画に基づく正しい経営を積み重ねられるかどうかで会社経営は如実に変わってくるのです。

以降では、事業計画作成の要諦、及び計画作成手順について説明していきたいと思います。

3―2 中堅中小企業における事業計画作成の要諦

事業計画作成にあたっては、次のような間違いをこれまでに散々目にしてきました。こういった間違いをそのままにして事業計画を作成しても、残念ながら絶対に上手くいきません。それどころか、現実とは異なる業績見通しを社内外に伝えることになるため、（その場では延命措置になったとしても）ゆくゆくは業績下振れ・信頼失墜という手痛いしっぺ返しが来ることは必至です。こうした形で再生できなかった会社は多く、そんな悲劇は避けるべきと考えています。

・数値遊びの事業計画

金融機関をはじめとする外部からの要請で事業計画を作る場合、目標とする利益・資金繰りとなるように、単なる数値遊びとなっている事業計画です。例えば、数年先の売上計画が実績の横置きになっていたり、ひどい時には（何の根拠もないのに）気合いで数パーセントずつ成長している計画を目にします。あるいは「市場規模が実績ベースで5％ずつシュリンクしているから、自社の売上も5％ずつ減らしておくか」という計画もありますが、この考え方の大前提である「市場の中でシェアが一定」も危ういものです。特に経営陣と財務だけで計画を作ってしまう場合、こういった魂の入っていない計画ができあがるケースが多くなります。

・現場を無視した事業計画

一見すると色々な角度で分析がなされ、数値の根拠も明確なように作成された事業計画であっても、現場が置き去りにされているケースもあります。例えばMBAを取得して会社に入ってくる2代目・3代目の社長に、このパターンが散見されます。社長をはじめとする少人数だけが頭の中で考えた事業計画には現場がついてきません（ついてこれません）。結果、事業計画自体は立派なようであっても、その計画が実現することはありません。

こうした間違いをしないためにも、事業計画作成にあたって押さえるべき4つの要諦をまとめました。

3―2―1 攻めと守りのバランスをとる

経営が攻め寄りになるか、守り寄りになるかは、社長の人柄が出がちです。攻め過ぎると足元がすくわれ、守り過ぎると成長が見込めません。そのため将来をプランニングする際には、攻めと守りのバランスに気を配る必要があります。

3―2―2 可能な限り具体化する

計画作成においては、戦略・戦術・アクションを可能な限り具体化することがポイントです。ただ実際には、計画はいつも曖昧になりがちです。「市場ニーズを満たす製品開発を通じてシェアを〇％上げる」とか「徹底的なコスト削減により販管費を〇％減らす」といった曖昧過ぎる内容は、実現しない可能性大です。より具体的により明確に。例えば新商品を開発してシェアを上げる計画とする場合には少なくとも、どういうモノを、どんな品質で、どんな売り方で、どれだけ売ってどれだけ儲けるかという5つはクリアにすべきでしょう。

3―2―3 行動と数値がリンクしているかを確認

事業計画作成にあたっては、アクションと経営数値がリンクしているかを常にチェックしましょう。例えば「アクションプランがないのに数値だけ良くなる事業計画になっていないか」とか、「現場が今進めている活動は、いつ・どれくらいの数値になる予定なのか？達成可能性は？」といったことを、社長がちゃんと把握できているかがポイントです。社長の中には「数値は苦手。事業部や財務に任せています」という方も少なくありませんが、事業計画作成は行動と数値をリンクさせる最重要業務です。

3―2―4 計画作成後のモニタリングがしやすい形にする

作成した事業計画が、計画通りになることはありません。作成後にモニタリングを続けながら、マスタープランとの差をコントロールする必要があります。そのため、事業計画は後でモニタリングしやすい形で作ることで、その後の経営のかじ取りがしやすくなります。

例えば、組織別・エリア別、あるいは月別・週別といった「粒度」が一つです。残念な例としては、事業計画は全社ベースで作っておいて、期が始まってから慌ててエリア別に分解して、現場のコミットがないまま走るという話も聞きます。

また別の視点では、事業計画作成段階で、財務数値の先行指標としてのKPIにまでブレークダウンすることも重要です。例えば売上の先行指標としての受注件数であったり、工場利益につながる稼働率や歩留まり率の目標を、財務数値と整合がとれるようにプランニングしておきましょう。

経営においては、自社における「重要な指標」をKPIとして見つけ出し、継続的にモニタリングしながらKPIが良くなるように工夫していくことが大事です。例えばあるメーカーでは、「時間当たり採算」を見るべき重要指標として生産性と利益を追求しています。あるいは別の会社では、プロジェクト単位の「稼働率」と「一人当たり受注額」を見ながら会社全体の業績見通しとリソースの逼迫状況をモニタリングしています。

3―3 事業計画の作り方―計画に魂を込めた事例

こうした要諦を押さえた後はいよいよ、具体的な事業計画の作成です。先ほど「自社の勝てる構造を作る」の1社目の事例として挙げたメーカーにおける、事業計画作成の作り方を見ていきたいと思います。

当社は、ある地方都市を本社とする中堅メーカーで、数十年の歴史がある会社です。これまではその地域をターゲットとして食品の製造販売を続けていましたが、人口減の影響は思いのほか大きく、売上は先細り、利益水準も年々低くなっていました。そういった苦しい状況から脱出するために「自社の勝てる構造」を見直し、同時に事業計画の作成に取り組みました（筆者もコンサルタントとして支援）。

まず当社における事業計画作成の流れは、左図のように6つのステップに分かれています。

①会社として目指す目標を定める

最初にやるべきは目標設定です。財務数値的には、「これくらいの利益率を上げたい」「年○%成長したい」という目標もあるでしょうが、業績が良くない会社の場合だと「年間これくらいのキャッシュを出さないと会社が回らない…」「銀行に支援してもらうためにはこの利益水準を超えないといけない…」という目標もあるでしょう。

当社の場合は、売上の減少が続いており、このままいくと十分な利益が出なくなるリス

計画作成のステップ	概要
①会社として目指す目標を定める	会社として目標とする売上や利益水準を決める
②全社戦略を立案する	自社の勝てる構造を確立するために、会社方針及び各部門の方針を定める
③現場を巻き込んで計画を作る	現場がすべきことを明確化。現場主導でアクションプランに落とし込み
④部門間の密な連携を促す	部分最適になりがちなところを、経営主導で全体最適を図る
⑤確実にやり切るための体制を作る	計画を実行するための組織作り・最適なヒトの配置
⑥会社としての事業計画にまとめ上げる	出来上がった計画をベースに、経営目線で様々なリスク想定・対策

クが高い状態でした。将来的にも○%の利益率を維持すべく今のうちに手を打っておきたいという社長の想いから目標を設定しました。

②全社戦略を立案する（自社の勝てる構造の確立）

足元の厳しい状況を打破すべく、まず「自社の勝てる構造」の見直しに取り掛かりました。その勝てる構造が、本章にて説明した「全社を挙げて、マーケットに近いところで勝負する」でした。

中堅中小企業における市場開拓というと、優秀な営業担当の業務を広げてプラスアルファでやろうとする会社が多いもの。ただ当社ではそうではなく、全社の力を結集するために仕組みや組織体制を刷新し、会社を再構築するくらいの意思決定を社長が下したのです。これが当社の全社戦略です。「既存市場である地元地域でキャッシュを稼ぎつつ、それを原資として市場開拓に力を注ぐ」こう書くとシンプルな話ですが、社長が覚悟をもって新たな方針を打ち出したこと、そして全員が実行に移したことは素晴らしいことだと考えています。

全社戦略の次は一般的に、「各部門の戦略に落とし込み」となりますが、当社では分けて考えることなく、勝てる構造をデザインしていく中で、一緒に営業戦略・開発戦略といった個別戦略も作り込んでいきました。社長が全社戦略を考えて、営業が営業戦略を考えるといったように別々に考えると、全社戦略と営業戦略に齟齬が発生して、現場が混乱したり機能しなかったり、といったことが起こりがちですが、中堅中小企業でそうしたことをしていたら経営は立ち行かなくなります。中堅中小企業であれば全社を見渡せる規模ですから、当社においても「全社を挙げて、マーケットに近いところで勝負する」ために、営業は何する、開発は何する、と社長自らが各部門長と個別戦略を握っていきました。

③現場を巻き込んで計画を作る

続いて、勝てる構造を実現するためにはどんな戦術をとればいいか、平たく言うと「具体的に何をすればいいか?」というアクションプランを決めていきました。当社は営業・製造・開発、と機能別に部門が分かれていたため、各部門のトップに計画作成を委譲しました。

先ほど定めた全社戦略・個別戦略に基づき、各部門があるべき姿を実現するためにやることを具体的に決めていきました。例えば、「既存マーケットではこれくらいは稼ぎたい」や「市場開拓のために、このヒトは本社を離れて東京に移る」といった大きな方針をはっきりと現場に伝え、各部門が目標達成のためにすべきことを考えてもらうようにしました。

その際に特に重視したのが、誰が／いつ／どこで／何を／どうやってするのか？　そしてどれだけの数値につながるのか？　つまり5W2H（Who, When, Where, What, Why, How, How much）を現場主導で明確化していったことです。これまで当社では、社長があれやれこれやれと言って、現場は「はいはい」と受け流しているだけで実行が伴いにくい状態でした。当たり前のことの徹底で会社は成り立っています。計画段階で自ら考え、考えたことをきちんと実行できる現場を目指すべく、アクションプラン作成という慣れない作業も現場にやってもらったのです。

ちなみに各部門のリーダーの中には「計画作成自体が初めての経験」という方もいて、最初は苦労していたようです。筆者もコンサルタントとして現場の計画作成を支援しつつ、各リーダーが自部門の計画をなんとか作り上げた記憶があります。計画を作って達成するのは困難ですが、やり遂げることで各人の経営手腕は劇的に向上します。

④部門間の密な連携を促す

各部門が計画を作るとはいうものの、部門単体では事業計画は完成しません。例えば営業が販売しようとしている商品構成や規模感次第で、工場での原価や生産性は変わってきます。そこで当社の場合は、各部門が計画作成を進めるものの、販売計画は先行作成して製造に引き渡すなど、計画作成の段取りを社長自らが現場に伝えるようにしました。更には、当社がこれから力を入れる「全社を挙げて、マーケットに近いところで勝負する」ために、どうすれば全社を挙げた原価創造ができるかを社長も議論に入って検討していったのです。

他社でよくある失敗例として、個別に計画を作った後で持ち寄ると、「製造や調達が前提とする受注水準」と「営業が計画する受注水準」が全然違うといったことがよくあります。受注前提が異なると生産性や調達単価が変わるにも関わらず、そのまま部門計画を合算するだけで全社計画完成とするケースは少なくありません。ただこれでは事業計画としては全く意味をなさないことは火を見るより明らかです。

当社ではそういったことがないように、かつ勝てる構造を構築し直すタイミングだったこともあり、社長自身が部門間の連携プロセスに入り込んでいきました。自部門だけが良くて他部門にしわ寄せが行くようなプランになっていないか？　といったことを社長自らが経営目線で逐一チェックしていきました。

このように「意味ある事業計画」を作り上げていくことで、社長自らが計画に魂を吹き込んでいったのです。

⑤確実にやり切るための体制を作る

中堅中小企業で最も限られている経営資源の一つは「ヒト」です。そのため、数値計画を作りつつも、社長が常に目を配りたいのは、実行するための組織体制及びヒトの問題です。誰をリーダーとすべきか、大きな無理をさせない陣容か、スキルや経験は大丈夫そうか…。完璧は望めませんが、意外なほどに無頓着な社長もいるので要注意です。非現実的な絵姿のイメージだけ伝えて、「あとはよろしく」とだけ言って帰っていく社長がいると現場はなかなかの地獄です…。

当社では、市場開拓のために優秀なリーダーがいなくなることもあり、抜本的な組織体制の刷新を行いました。新規マーケットで差別化につながる商品を作りだすためには全部門の連携強化が必須であったために、他部門とうまく連携できる人材や、幅広の知見や経験がある人材を登用しつつ、新体制を作り上げていったのです。

特に人事マターは社長しか触ることができません。現場任せにすると、各現場がヒトを囲って部分最適化したり、不平不満がたまったり…と会社の土台がぐらついてしまうので要注意です。

⑥会社としての事業計画にまとめ上げる

各部門の改善計画が積み上がり、部門間の連携も取れた、そして実行体制も大丈夫…となれば、会社としての事業計画は一旦まとまります。

ただこうしてまとまった事業計画を見て、社長が考えたいことは、将来の様々なリスクです。計画が思い通りに行くことはありませんが、どのあたりからギャップやほころびが出そうかを事前に想定することは可能です。ヒトの体と同じように、病気は体の最も弱いところから症状が現れます。当社においても、「市場開拓でこれくらいの売上を見込んでいるが、本当に達成できるか」「仮に事業が拡大していくと、工場はすぐに人手不足になる」、と様々なリスクがありました。

良いシナリオ・悪いシナリオ含めて、複数のシナリオをどこまで描けるか、その上で各シナリオにおける打ち手を事前に考えられているかが経営者の腕の見せ所だと思っています。仮に市場開拓が全く立ち上がらないと、会社のキャッシュは毎月これくらい減っていく。これだけの期間は耐えられるので、いついつが意思決定するタイミングだ、といった具合に、数値で打ち手をイメージできることが重要です。他には、昨今の激変する外部環境や、大口顧客から受注できるかどうか、改善活動の実現可能性等、事前にシナリオ作りしておきたい要素は本当に多岐にわたります。

なお参考までに、こうしたステップを経て出来上がった当社の事業計画の目次を掲げておきます。この事業計画は社内において、「会社経営の軸」として社員に共有されています。

「事業計画書」

- 経営理念
- 当社の特徴
- 経営課題と対策
- 事業計画：
  - 損益計画
  - 人員計画
  - 設備投資計画
- 事業戦略
  - 目指す方針
  - 自社の勝てる構造
- 営業戦略
  - 既存市場での戦い方
  - 市場開拓
- 商品開発戦略
- 各部門の計画（詳細）
  - 営業（本社）
  - 営業（東京）
  - 製造
  - 開発
  - 調達
  - 品質管理
  - 管理
- 組織体制

▼第六章▲

技術開発・調達／購買・製造

1 技術開発とは新しいビジネスを創造すること

1―1 中堅中小企業における技術開発の悩みをどう解決するか

技術開発は、企業の力の源泉です。技術開発しだいで、「宝」にもなれば「石ころ」にもなります。特に前章で述べた「勝てる構造」が、技術開発によって裏打ちされている場合は、他社に真似されにくいビジネスとなり、その後の成長のエンジンとなるでしょう。

一方で、中堅中小企業における技術開発は、大きく2つの課題を抱えていることが多い気がしています。これらは共にクリティカルな課題であるため、「いい技術を持っているのに経営に活かせない」という状態に陥りがちです。

・「経営の方向性」と「技術の方向性」が一致していない

社長の考える経営方針と技術開発の方針が合致していない場合、技術開発が生み出す価値は小さくならざるを得ません。社長は社長として、技術開発は技術開発として、どちらも一生懸命考えているにも関わらず両者の不満はたまる一方です。筆者自身の経験上、主な原因は「将来の事業展開が共有されていないこと」にあります。自社が今後どんな事業を行っていくかは社長が決めるべきことです。にも関わらず、社長の頭の中でそれが整理されていない、あるいは現場に共有されていない場合は、現場としては社長に合わせようがなく、闇の中を手探り状態で進むしかなくなります。

・技術開発の現場が狭い世界に閉じこもっている

技術開発の現場の方と話をしていると、「自分達はあくまで職人。良い研究開発がミッションだ」「市場のことは分からない。どう売るかを考えるのは、社長や営業の仕事でしょ」という声を聞くことが多いです。このように技術開発の姿勢や考え方が小さな世界に閉じこもっており、ただ研究開発するだけという状態になっていることは少なくありません。社長や営業から言われたことを黙々とこなすだけでは、売れるものも売れません。時には顧客に対して高い技術力を説明することも必要でしょう。更には自社技術を使えばどんな

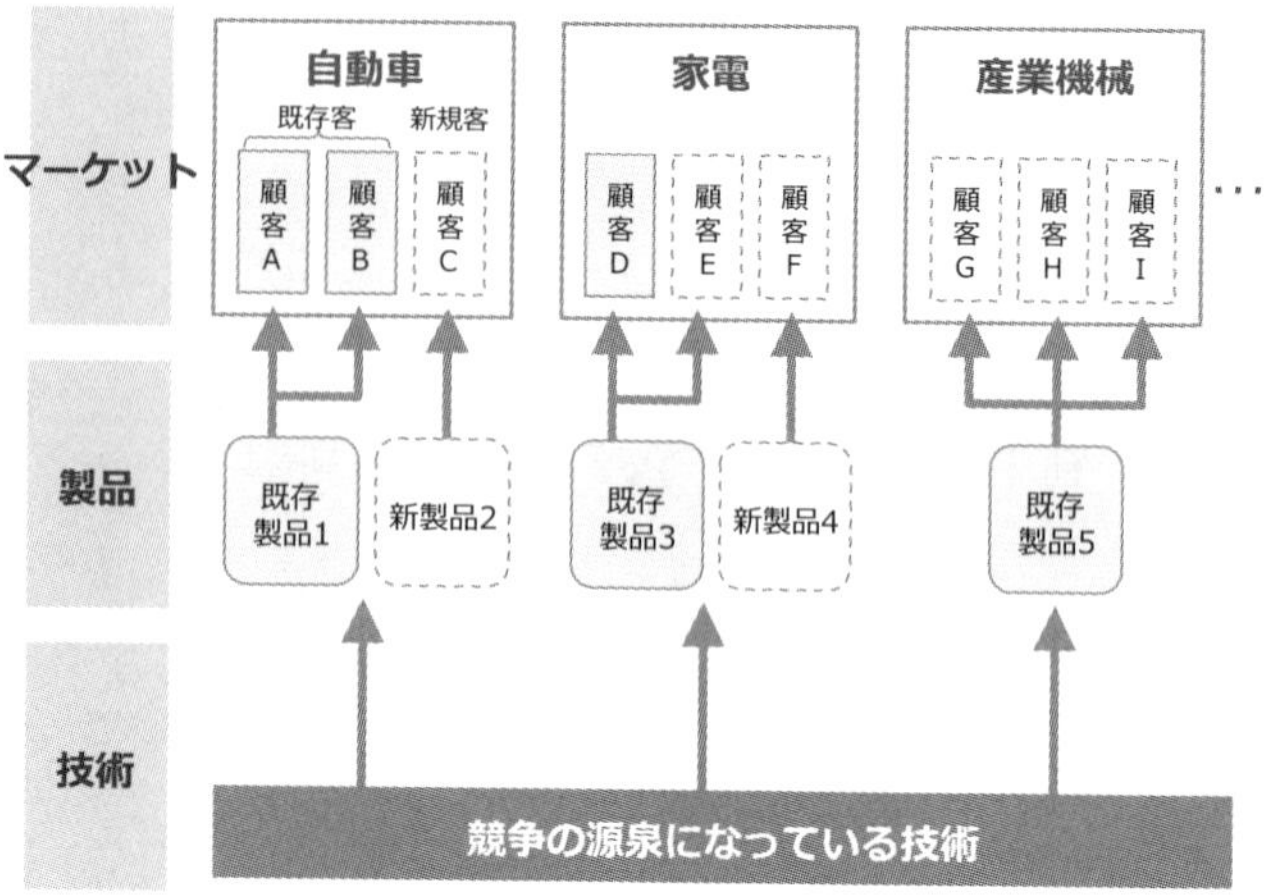

製品ができるか・具体的にどんなマーケットに刺さりそうか等、技術開発のエキスパートにしか分からないことも多いでしょう。

1つ目の課題〝「経営の方向性」と「技術の方向性」が一致していない〟については、社長自身が「技術をベースとする事業展開」を描いた上で、それを現場に徹底的に落とし込んでいくことが必要です。

上図は、ある会社での事業展開を表したものです。自社技術を基点として、どんなマーケットに展開していくかという全体像を示すことが最初の一歩です。この事業展開におけ

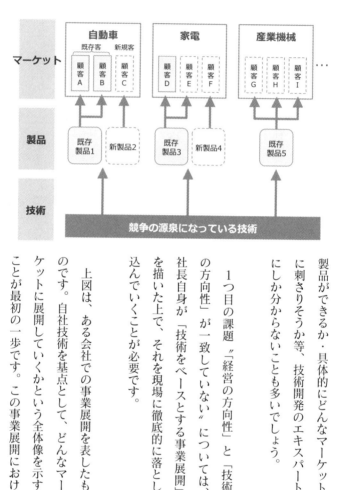

る最大のポイントは、自分たちが何でメシを食べていくかを明確にし、それをベースに事業を広げていくということです。技術的な足掛かりのないマーケットや製品にいきなり飛んで行くことはせず、競争の源泉を活かしながら着実にビジネスを拡大していくことが、中堅中小企業における事業展開のあるべき姿と考えています。

この図においては、技術をベースにどんな製品が今あるのか、そしてその製品をどのマーケットのどんな顧客に販売しているかを示しています。更には、既存製品・既存客だけではなく、経営として今後開発していきたい製品や、開拓していきたい新規客を明示していくことで、社長の頭の中にある事業展開を全員が俯瞰できるようになります。全員が理解することが大切なので、複雑な事業展開図を描く必要はなく、これくらいシンプルに表現することがポイントです。なお、技術開発とマーケットを結びつけるためのマネジメントについては後述したいと考えています。

2つ目の課題である〝技術開発の現場が狭い世界に閉じこもっている〟については、第二章で述べた「全員参加型の経営を実現する」が大原則です。

理想は一人一人が経営者マインドを持ちながら技術開発にあたることですが、全員が経営レベルのことを考える必要ありません。とはいえ次の3つは、技術開発に携わる現場も常に意識しながら仕事を進めていきたいところです。

・「勝てる構造」をどうすれば作れるかを考えながら技術開発する。
・マーケットから物事を考える。
・企業活動なので利益を出さないといけない。

・「勝てる構造」をどうすれば作れるかを考えながら技術開発する

技術開発の目的は、新しいビジネスを創出することです。自社で研究開発や商品開発をする会社においては、技術を担う現場が、会社の将来を支えると言っても過言ではありません。自社の「勝てる構造」のない下請け仕事だけでは、自立した経営ができずに本質的な利益は出ません。仮に今は下請け仕事がメインであったとしても、同時に技術力を磨きながらどうすれば「勝てる構造」を作れるかを考えながら日々の仕事を進めることが肝要です。

・マーケットから物事を考える

筆者の経験上、モノに自信があるヒトほど「いいモノを作れば売れる」と考える傾向にあると感じています。ただ、これまで様々な苦労をしてきた身から実感するのは、やはり「モノがイイというだけ」では売れてはいきません。売り込むマーケット・販売ルート・価格・投入タイミングを間違うと、売れるモノも売れません！

技術開発の仕事は、「技術を通じてマーケットの悩みを解決すること」ができる非常に価値ある仕事です。そのためには顧客の悩みを知るところから始まり、マーケットから物事を考える必要があります。技術開発が商品企画を主導するあるメーカーでは、技術担当はリアルなマーケットのことを知るために、営業からの「また聞き」だけに頼らずに、自分自身で顧客にヒアリングしたり・営業しに行ったりと相当な努力をしています。この会社の技術担当の一人は、「マーケットから物事を考えることについては、正直なところ最初は戸惑いもありました。ただ、顧客を自分自身で知るようになって、発想が桁違いに広がったと同時に、マーケットに受け入れられやすい製品開発ができるようになりました」

と話していました。

・企業活動なので利益を出さないといけない

「技術開発こそ採算意識を高めるべき」と筆者は考えています。例えば、会社として新素材を採用しようとする局面を考えてみましょう。採算意識の高い技術開発であれば、候補の中から素材選定しようとする時からコスト設計・仕入価格交渉が始まっています。適正価格で売れるように設計開発することが、技術開発のあるべき仕事の一つです。企業活動においては利益を出してなんぼですので、技術開発も「儲かるモノ作り」に深く関与していかねばなりません。

1―2 技術開発とマーケットを結びつけるためのマネジメント

本項では、先に述べた「技術をベースとする事業展開」をどうマネジメントしていくかについてお話していきたいと思います。効率良く品質のいいモノを作るだけでは成長が期

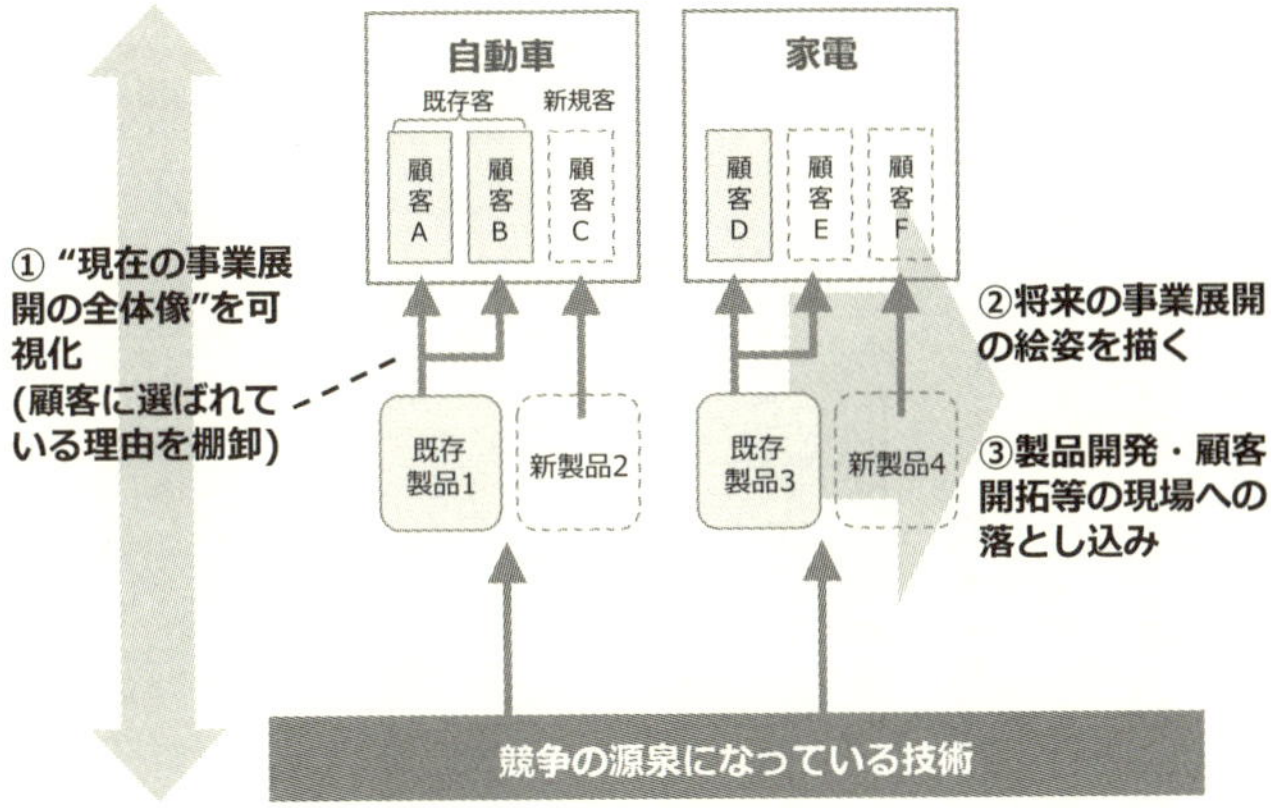

待しにくい昨今では、こうした事業展開のマネジメントの重要性は高まっています。

事業展開は大きく3つのステップから成り立っています。

最初のステップは、「現在の事業展開の全体像」を可視化することです。競争の源泉となっている自社技術をベースに、現在どんな製品を有しており、どんなマーケットのどんな客に受け入れられているのかを整理していくのです。社長自らが、技術や営業の人間とも連携しながら整理していきましょう。

このステップは、一見当たり前のようですが非常に大事です。現在の事業展開を整理する際に、「どうして自社が選ばれているのか?」を突き詰めて考えていくことが、将来の事業展開を考える際の大きなヒントとなります。例えばある会社では「これまで品質で選ばれていると思っていたが改めてヒアリング・整理すると、実際にはそんなことはなかった」ということがありました。多くの顧客が価格あるいは昔からの付き合いで製品を選んでくれており、品質はむしろ不満なことが浮き彫りに。競合が更に安い価格で提案してきていることも分かり、社長にとってはショックな結果ではあったものの、自社の事業展開を抜本的に見直すきっかけとなったケースもありました。

次のステップでは、「将来の事業展開の大きな絵姿」を描いていきましょう。「今はできていないが、将来こうしたい」「自社技術や製品は、こんなマーケットや顧客にも売れるはずだ」という今後の構想を追加していくのです。このステップも社長自らが主導すべきです。ただ実際には、「将来の事業展開を考えること」を技術や営業に任せっきりの社長は少なくありません。「詳しいことは分からない」「考えても無駄だ」と嘆く社長がいらっしゃいますが、今は理想から遠い状態にあったとしても、諦めずに考え続けているといつか道は開けるもの。余談ですが筆者の好きな言葉に〝By Design〟という言葉があります。

「意図的に・目的をもって・計画的に」という意味ですが、なんとなく経営をするのではなく、意思を持って経営することが、事業展開においては不可欠です。

話を戻しましょう。将来の事業展開を考える際には、最初のステップで明確化した「自社が選ばれている理由」が役立ちます。価格競争力があるから売れているのか、自社技術が受けているのか、自社の勝ち方が見えないことには勝ち戦はできません。

そして3つ目のステップが「現場への落とし込み」、つまりトップが描いた事業展開を具体的なアクションに落とし込んで進捗をフォローすることです。事業展開は会社にとって一大事ですので、社長が全体を見るべきと筆者は考えています。次に、技術開発と営業／マーケティングに対するマネジメントのポイントをまとめました。

・技術開発に対して─「どういうものを」「どういう品質で」「いつ出すのか」そして「どんな売り方で」、「どれだけ売ってどれだけ儲けるのか」を常に問い掛けるべきです。とはいえ技術だけでは深い検討はできませんので、部門間連携を促す仕組みも併せて必要となるでしょう（詳細は、第三章のコンカレントマネジメント参照）

・営業に対して─新規客や新規マーケットの開拓が重要ミッションとなりますが、「やる！と決めたこと」はとことん追求していきましょう。特に新規開拓は会社にとって大切な業務ですので、営業プロセスをきめこまやかに管理すると同時に、どうすれば顧客を説得できるかの交渉シナリオ作りが重要です（営業についての詳細は第七章にて）。

2 調達／購買の高度化による利益創出

調達／購買に関して、中堅中小企業が共通して抱えている課題には次のようなことが挙げられます。

・構造的にモノを買い過ぎる状態にある。
－沢山買うことで仕入単価が安くなるのでまとめ買い。

－欠品させないことがミッションなので、「こんなに売れない」と内心思いながらも、営業が言う数値に更にバッファーを載せて買っておく。

－相場ものは買える時に買うしかないので、買える時に大量に確保
・モノを買うヒトと在庫責任を持つ人が対応していない（権限と責任の不一致）。製造や

営業からの依頼で調達がモノを買う場合、全員が「買った後は知らない」となりがち。依頼した方は「調達が勝手に乗せたバッファーもある。残在庫は調達がなんとかすべき」、一方で買った方は「言われて買ったものなので、責任をもって使ってもらわないと困る」となる。

・アイテム数が多い場合はこまかく見切れずに適当に買ってしまい、在庫は膨らんだり、あるいは不足したり。日々の需要は変動し、更にはセールや季節等の影響を受けて変わるため、適当に買うと適正在庫は保てない。

・調達には単純な事務作業をできるヒトしかおらず、調達先を見直すとか、仕入単価低減を実現できる人材がいない。あるいは浪花節の交渉しかできておらず、仕入単価が下がらない。

一般的にメーカーの場合は売上の2～3割が原材料、小売では7～8割が仕入と大きなおカネが動くこともあり、調達／購買の課題は企業利益に直結します。余剰在庫はキャッシュが寝てしまうばかりか保管料もかかり、それでも売れないものは値引や廃棄ロスが発生してしまいます。逆に欠品は売り逃しに直結し、全部門のこれまでの仕事が水の泡ですし、欲しいものが買えなかった顧客は不満を感じて将来的な売上にも響いてしまいます。

こうした課題を改善するために必要なことは3つあります。

①権限と責任の一致─モノを買うことを決めてから使い切るまでの、在庫責任を明確化
②ダブルチェックの仕組み─構造的な買い過ぎを牽制
③科学の力を活用したサプライチェーン最適化─ヒトの力ではカバーしきれない領域を、科学がサポート（需要と供給のバランスの最適化や、交渉材料強化等）

①権限と責任の一致

「モノを買うことを決めるヒト」と「最後まで責任を持つヒト」が同じであることは、絶対に守るべき原理原則の一つです。例えばメーカーの場合だと、製造が買うことを決めて製造が最後まで使い切る責任を持つようにすべきでしょう。小売の場合は、店あるいは本部がその権限と責任を持つことになるでしょう。小売の中には、定番品は店が、シーズン品や海外調達品は本部が調達、と分けている会社もありますが、在庫が残りやすい後者

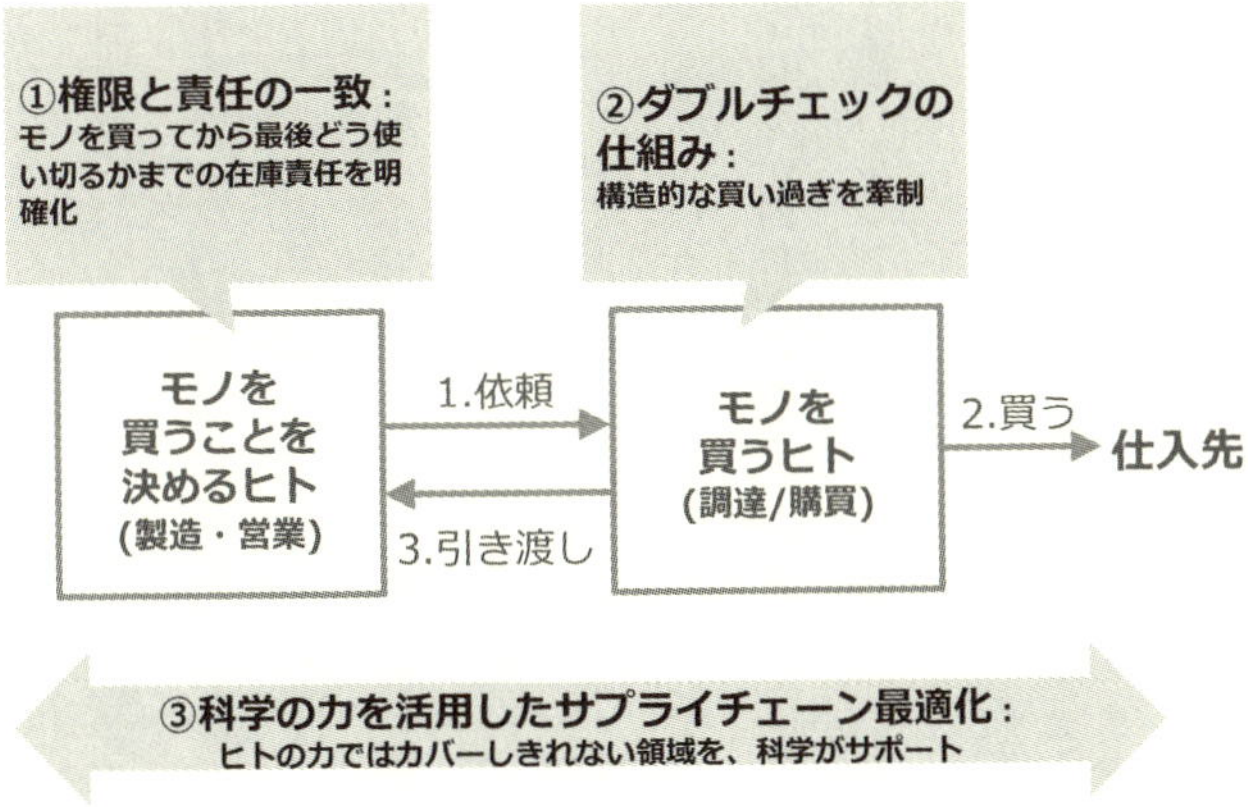

の責任を本部がどう果たすかに、その会社の実力が表れやすいです。一方で多店舗展開しながらも、店舗に強い権限と責任を持たせて、どんなものを仕入れてどう売るかを全て店が決めることで、急成長している小売も存在しています。

②ダブルチェックの仕組み

第二章の「ダブルチェックの原則」にて述べたように、ダブルチェックには「ミスを防ぐ機能」と「牽制機能」の2つの意味があります（経営的に意義の大きいのは後者）。先ほどの製造と購買の場合は、購買がダブルチェックの役割を果たすこととなります。ここで注意すべきは、チェック機能が正しく働くような体制を構築することです。購買が製造の下にぶらさがっていたり、購買のトップと製造のトップが同じだったりすると、ダブルチェックの仕組みは形骸化してしまうでしょう。

この仕組みが有用な他のシーンは、工場や事業所が独自に外部と交渉しているケースです。地方工場では距離的に近い地元サプライヤからモノを買っているといった話はよくありますが、正しく交渉しているかはダブルチェックの仕組みの中で見るべきでしょう。この辺りが管理されていないと、同じモノなのに地方で買うと単価が高いといった話が頻発します。なお、これは調達に限らず、販管費においても同じです。家賃・物流費・広告宣伝費といった大きな費用がエリア任せとなっている場合は、集約的にチェックする仕組みを設けることでかなりの無駄が抑えられるようになるでしょう。

③科学の力を活用したサプライチェーン最適化

欠品あるいは余剰を発生させないようにモノを買う時には、科学の力が有効です。特にアイテム数がヒトが見切れる数ではないほど多い時には、経験上、適切な数の発注はなされません。ここでデータ分析に基づき、需要トレンド・季節・価格の違いといった影響を盛り込んだ需要予測を立てることができれば、ヒトが時間をかけることなくかつ勘や経験に頼ることなく適切な発注が可能となるでしょう。

更に科学の力は、仕入先との価格交渉の材料にも使えます。モノを買う際には通常、「これだけの数を、いくらで買う」というように仕入数に応じて仕入価格が決まります。ただ仕入先側では、急な追加発注に備える等の理由で余裕を持ってモノを構えておくことがあり、この「余裕分」の一部が価格に載っているケースは少なくありません。こういう時は、モノを買う側からすると、割高な価格で仕入をすることになってしまいます。ここで例えば、データに基づく精度の高い需要予測を作成し、仕入先にも予測を共有することで、この「余裕分」を減らしていくことが可能です。同時に、こうした取り組みとセットで価格交渉ができると、その会社の調達はもう一段進化していくことでしょう。

「相手が何に困っていて、どういう条件なら飲んでくれるか」を見極めつつ、理論的に交渉材料を組み立てていくことがポイントです。この例では、「仕入先はマーケットから遠い場所にいるので、需要が予測しにくい。そのため一定の余裕を持たざるを得ない」ということが相手の困っていることになります。

とは言え経験上、科学的な側面だけで淡々と話をするだけではコトが進まないこともある気がしています。交渉相手も人間なので、客観的な数値に基づきつつも、仕入先に対して商品や事業が今後どのように発展していくかを熱く語れることも大事です。筆者自身も、仕入先に対して「この事業を成り立たせるためには、どうしてもこの価格で部品を調達しないといけない。今は事業が立ち上がったばかりでこれだけしか買えないが、将来的にはこういう理由でこの計画となるはず。○年後にはこういう形で恩返しできる」と熱く語り、仕入先に協力をしてもらった経験があります。結果、新事業の立ち上げに成功し、その仕入先にも大量発注という形で約束通り恩返しすることができました。

3 強い製造こそが会社を強くする

3―1 経営における製造の位置付け

「本当に強い会社は、現場が強い会社」だと考えています。もっと言うと、「強い企業の多くは、現場が経営」しています。特にメーカーにおいては、製造が付加価値を上げる部門であるため、強い製造をいかに育てていくかが経営の明暗を分けるでしょう。

例えば、製造の生産性を上げることで、より安い見積もりを提示できるようになって価格競争力が高まる。その結果として受注が増え、工場稼働が高まると更に価格競争力が上がる…といった好循環を回せるようになります。この好循環の起点となるのが、製造における付加価値向上です。企業経営においては、現場が頑張ることで付加価値を高め、それをきっかけとしてこのような正のスパイラルをどう作っていくかが勝負だと考えています。

これまでに筆者は、業績が苦しい様々なメーカーを見てきましたが、苦境を乗り切るためには製造が重要な役割を果たします。特に企業再生においては、その場しのぎのコスト削減であったり、一時的な返済猶予は、本当の意味での再建にはつながりません。真の再生に向けての第一歩は、会社としての付加価値を上げること。そしてメーカーにおいては製造こそが付加価値を上げる部門であるため、「製造こそが会社を助ける」と考えています。

本章では、強い製造を作るべく、Delivery と Quality にあたる生産性と品質を向上する方法についてのお話をしていきたいと思います（Costについては第二章の原価創造を参照）。

3—2 採算を改善した「生産性向上」の事例

本項では、あるメーカーにおいて生産性を高めた事例を使いながら、生産性向上の話を進めていきたいと思います。

このメーカーの社長の悩みは、受注は堅調に推移しているものの、製造の生産が落ちており会社全体として利益が残らないこと、そして時には納期遅れまで発生していることでした。納期遅れによって何社かの顧客から継続発注を断られて事態は深刻。一方で、新規営業中の案件があるために受注増の可能性もあり、これ以上納期遅れを発生する訳にはいかない状況でした。

そうした状況を受けて当社では、「生産性を20％向上し、採算を良くすること」を目標に、社内改革を進めることにしました。目標実現のために、経営者はどんなマネジメントを行っ

$$生産性 = \frac{生産高\ X}{要した総時間\ t}$$
(=直接製造時間＋間接時間)

$$\frac{生産高\ X・(1\text{-}変動比率\alpha)}{要した総時間\ t} = \text{時間当たり固定費 A} + \text{時間当たり営業利益 B}$$

たか、現場はどんな改善を進めたかを見ていきましょう。

最初に取り組んだのは「生産性」の定義です。機械でモノを製造する工程の多い当社では、生産高Ｘ÷総時間ｔにて生産性を定義しました。つまり、生産性を向上するには、生産高を上げるか、総時間を下げるかのどちらかです。

更に生産性を高めて採算を良くすることが目標であるため、もう一歩踏み込んで、生産性と採算との関係を数式で示すようにしました。これは筆者の考えた、生産性向上が会社の利益にどう貢献するかをシンプルかつダイレクトに示す数式です。

左辺の「X(1-α)/t」は、1時間当たりの限界利益を示し、これが時間当たり固定費Aと等しい時が、この会社の損益分岐です。「X(1-α)/t」がAを上回ると利益が出ることになります。つまり利益を残すためには、生産性X/tを大きくするか、あるいは変動比率αを小さくするしかありません。変動比率αは例えば材料費や外注費ですが、外注はあまり使っておらず「変動比率α≒材料費」の当社では、生産性X/tを大きくすることが利益確保につながる状態でした。

当社にこの式を説明した時、ある経営幹部がこんなことを言いました。「生産性を高めるために、外注を使って生産高を高めたらええんですな」と。この考え方は完全に間違っています。生産高Xは確かに大きくなりますが、総時間tは変わらずに変動比率αばかりが増えて、結果的に利益は大きく増えません。目標は採算を高めることですので、左辺全体をいかに大きくするかが重要です。

当社では生産性X/tを高めるために、「総時間tをできるだけ小さくする取り組み」に

着手することにしました。特に当社の場合は、機械が止まっている時間が散見されたり、あるいは機械は動いているものの生産数が思いのほか低いことがあったりと、生産性が低い原因は一つではなさそうだったため、時間の効率を更に稼働率と遵守率にブレークダウンして、改革を推進していくことにしました。

稼働率とは、機械をどれだけ有効に稼働できているかを示す指標です。例えば８時間稼働が１００％とする場合、朝礼と機械調整とライン切替に計１時間を費やした時は、稼働率は、(8-1)/8=87.5％となります。稼働率を高めるためには無効時間を減らす必要があります。無効時間の例としては、段取り替え・機械の修理や調整の時間・朝礼や会議、そして受注が少なくて機械が止まっている時間です。更には、品質不良でやり直しをする場合も無効時間が増えてしまいます。

稼働率を見ている会社は多くありますが、受注が少ない時にも稼働率は下がってしまいます。そのため稼働率だけを見ていると、稼働率低下の原因が製造にあるのか、それとも受注を取ってくる営業にあるかが見えにくくなる時があります。

$$効率 = 稼働率 \times 遵守率$$

$$= \frac{有効時間}{有効時間 + 無効時間} \times \frac{見積上の直接時間}{実際の直接時間(有効時間)}$$

・有効時間：機械が稼働して対価をもらえる仕事をしている時間
・無効時間：機械が止まっているか、あるいは対価をもらえない仕事をしている時間

遵守率は、作業が決められた時間内で完了しているかを示す指標です。言い換えると、見積もり通りに作業できているかを示しています。遵守率の悪化は、作業が非効率であることや、メンテナンスができておらず機械能力が見積もり時の能力に達していないことを意味し、製造に原因があることになります。機械の稼働率が１００％であっても、決められた時間内で作業が終わっていない場合は、それだけ効率は悪化してしまいます。例えば、「30分かけて生産完了」という見積もりになっている例を考えてみましょう。実際の作業が45分かかった場合の遵守率は30/45=66％になり、機械がずっと動いていて稼働率が仮に１００％であったとしても効率は100％×66％＝66％となります。また、見積もり通りでは30分×１人でできるはずの作業が実は２人がかりだった時の総直接時間は60分となり、

遵守率は50％にまで下がってしまいます。

これら指標を決めながら生産性を追求した当社においては、マネジメントは「製造の生産性 X/t が落ちていないか、時間当たり採算 X(1-α)/t が保たれているか、何が原因で効率が落ちているか」をチェックできるようになり、同時に現場では、利益創出のためにすべきことが明確になったために、採算改善の取り組みにフォーカスできるようになりました。

特に稼働率と遵守率を分けて管理することで、生産性向上のために必要なことがより明確になりました。例えば、見積時間が5時間の生産があったとして、実際には総時間6・5時間かかり、このうち機械の故障修理や段取替えに1時間費やした例を考えてみましょう。この場合の効率は、本来5時間かけるべき生産に6・5時間かかったので、5÷6.5＝77％と表現されます。以前の現場は「段取替えや調整があるので、77％くらいの効率が限界なんですよ」と言い、マネジメントも「現場がそう言うならこれ以上の改善は難しいのか…」となっていました。

ただ細かく見ていくと、機械の稼働率は故障修理と段取替えを除いて、(6.5-1)÷6.5=85%で、遵守率は見積時間÷直接総時間＝5÷(6.5-1)=91%と分解されます。現場は「効率UPは限界」と言っていましたが、(仮に稼働率UPは難しいとしても)遵守率の改善が可能、つまり製造における作業改善余地や機械の最大能力を引き出す余地があることが明らかになったのです。

全体の数値「効率77%」だけを見ていると、「機械の非効率」と「作業の非効率」の実態が分かりにくくなります。時間をシンプルに見える化して原因特定を進めていくことで、当社の生産性は改革後半年で目標の20%向上を実現しました。

3―3 会社の命である「品質」を高める

品質は「会社の命」です。顧客は目の前の一品をもって、会社の全てを評価します。だからこそ会社としては、完璧を期すべく全神経を注いで・製品に心を込める必要があります。これは個人の心構えだけの話ではなく、会社としてどう品質マネジメントの仕組みを作るかの話です。何か品質問題が起きた時に、犯人探しをして個人攻撃をしても何も始まりませんし、本質的ではありません。品質問題を起こす根本的な原因は、やはり会社にあると考えています。例えば不良品を世に出してしまった場合、真の原因は、会社の品質基準の甘さであったり、属人的な品質管理プロセスであったり、担当者を疲弊させる勤務体系や職場環境と、会社の仕組みやマネジメントに原因があることがほとんどです。経営はマネジメントの仕組み作りにフォーカスしないといつまでも品質問題を繰り返すことになり、その度に担当者や部門長を罰するではいつまでたっても品質は良くなっていきません。

余談になりますが、品質はメーカーにおける話だけではなく、サービス業における品質にもまだまだ改善余地があるように感じます。なかなか電話がつながらないだけでなく融通の効かない問い合わせ窓口、首をかしげたくなる接客態度のお店等、日々生活する中でイヤな想いをする企業サービスは多いのではないでしょうか。本項では製造における品質向上の話をしていきますが、サービス業においても類似の考え方で品質を向上することが可能です。

品質を上げるためにはまず、品質の本質を押さえることが重要です。品質には工程品質・設計品質・部品品質と3つの品質があり、それぞれについて説明していきたいと思います。

・工程品質─製造工程にて作り込む品質のことです。実際にモノを生産する際に、仕様通りに作られなかったり、異物が混入したりすると、品質は低下してしまいます。工場における品質と言うと、多くの場合はこの工程品質がイメージされ、考え方としては3ゲン主義や5ゲン主義が重要となります（現場・現物・現実の3ゲン、さらに原理・原則を加えた5ゲン）。

筆者は更なる視点として、「原点」と「顕在化」も重視しています。「原点」については、日々正しい取り組みを続けていてもどうしても上手くいかない時があります。筆者自身も経験ありますが、そんな時には例えば「そもそもどんな仕様で作ったのか？」といった原点に立ち返ることが問題解決につながることも少なくありません。

「顕在化」とは、悪いことはできるだけ早く、隠さずに皆に共有することです。何か問題が起きた時にそれを隠したくなる気持ちも分からなくはないですが、隠して品質が良くなる訳がありません。以前に品質問題を起こして世間を騒がせた食品会社では、社長は会見前日に事態を知ったそうです。そうなると正しい対策を打つことができず、品質が原因で経営が立ち行かなくなってしまいます。

・設計品質—品質不良の原因を深堀していくと、原因は製造工程ではなく、その前の設計段階にあることが少なくありません。例えば使用時間に対する耐久性を設計する場合、「実際のシーンで何時間使用されることを想定するか」が重要です。ギリギリで設計すると不良発生の可能性は高まりますし、余裕を設け過ぎるとコストが高くなります。設計ではこのバランスが難しいものの、これは設計だけの話ではありません。どの品質のモノをいくらで売るかという経営マターの話であるため、全体を見据えながら設計品質を高めていきたいところです。

・部品品質—部品の品質が低いと、工程品質や設計品質をどれだけ高めても、品質は上がっていきません。特に部品は外部から調達することも多く、品質には十分注意する必要があります。ただごく稀に「責任は自分の仕事の範囲だけ。部品起因の品質がもし起きたら、仕入先に文句を言うだけ」という考え方のヒトがいるので、経営としては要注意です。こういう方はまともに部品品質をチェックしていないこともあり、品質問題が起きてから顕在化することも少なくありません。前述の通り、顧客からすると目の前の一品が全てであり、部品は別会社ということは関係ありません。製品を提供する以上、その部品の品質についても自社で漏れなくチェックする必要があります。

なお、品質を上げるためにマネジメントして最も守りたいことは、「前で仕事する」ことです。出荷前に品質をチェックして市場に出る前に問題に気付けた場合と、チェックを怠って不良品が市場に出回ってしまい回収・クレーム対応・謝罪と対応に追われる場合を比較すると、その差は明らかです。品質のバラツキが大きいかもしれないとか、ヒューマンエラーが発生するかもしれないといったリスクを、事前にどこまで想定して先回りできるかが品質マネジメントの巧拙を大きく左右します。

そうした観点の一つに「故障発生予測」があります。近年メディア等で取り上げられているようにセンサーで機械稼働のデータを収集して、ビッグデータ分析から機械故障の発生タイミングを予測・検知するといったこともできますが、中堅中小では大きな投資ができない会社も多いでしょう。そこまで精緻なシステムではなくとも、例えば平均故障間隔

(MTBF: Mean Time Between Failure。MCBF: Mean Cycle Between Failure）というシンプルな考え方で、勘や経験より精度高く故障発生の予測ができるようになります。シンプルに言うと、MTBFは「稼働開始から次に故障が発生するまでの平均時間（＝どれ位の期間に1回故障するか）」、MCBFはその処理回数版で「何回処理すると故障するか」を示す指標です。イメージしやすい例では、パソコンには前者、プリンタには後者が当てはまります。

現場で故障発生予測を行うには、各機械の平均故障間隔のデータを事前に集計しておき、次の故障タイミングが近付いて来たら点検あるいは修理するといった使い方が一番シンプルです。なお筆者がコンサルティングしていた会社では、機械を使い始めてからの年数、温度や湿度といった稼働環境、機械の使い方等、故障に影響を与える要因を分析した上でパラメータ化しておき、より精緻に平均故障間隔を算出しておきました（これくらいの管理であればエクセルで対応可能）。当時も、高度なデータ分析を含めた故障予測をするかという議論はあったのですが、「初期投資が低く抑えられるレベルでまずは改善を始めよう。何もやらないよりはマシ。更なる高度化は、現場で改善が定着した後に検討」という結論で、スピード感をもって品質改善活動を開始しました。

▼第七章▲

マーケティング・営業

1 マーケティングと営業の本質的な違い

1—1 マーケティングは売れる仕組み作り、営業は売り込む方法論の確立

マーケティングと営業はその本質が大きく異なります。第一章でも触れたように、マーケティングは「全面否定」で営業は「全面肯定」ですが、それ以外にも左記に示すように大きな違いがあります。

マーケティングとは、一言で表現すると「売れる仕組み作り」。顧客のニーズを探り、どうすれば自社の商品やサービスが売れるかを考えることが仕事です。こうしたマーケティングの取り組みは、技術開発等との連携を通じて、第五章でお話した「勝てる構造」につながっていきます。そのため、営業よりは長い目線での利益拡大に貢献することになります。

「売れるかどうか」というのは本当に奥が深く、何かの条件が変わるとポンと売れるよ

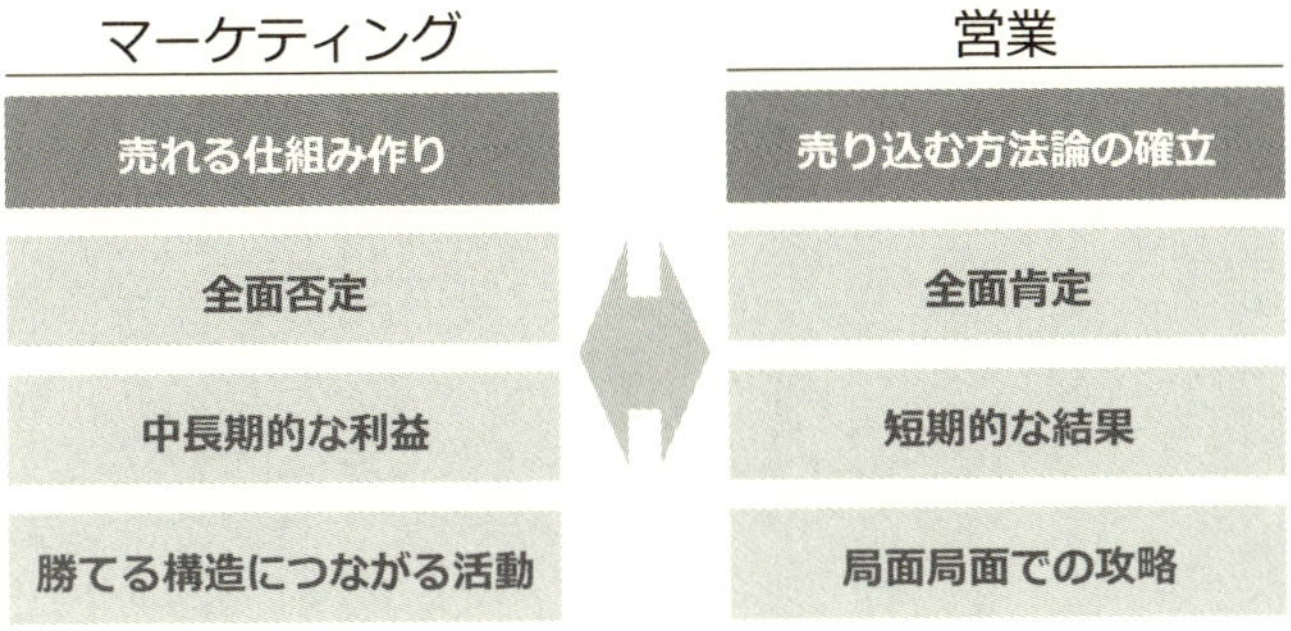
マーケティング
営業
売れる仕組み作り
売り込む方法論の確立
全面否定
全面肯定
中長期的な利益
短期的な結果
勝てる構造につながる活動
局面局面での攻略

うになります。もちろんその逆もしばしば見られ、何かの拍子でガクンと売れなくなってしまいます。今も小売店の販売データを日々見ていると、同じような商品でも中身・価格・品揃え・プロモーション次第で売上は大きく違ってきます。そうした短期的な変動に一喜一憂することなく、中長期的な視点での「売れる仕組み」を構築していくのがマーケティングの醍醐味です。

更に昨今は、商品の流行り廃りが本当に早いことに驚かされます。数年前はここまで激しくなかった記憶もあり、今は本当に「今日は売れていても、明日には売れなくなる」ということがあり得るのです。そんな時代だからこそ、「これからも売れるだろう」という前提で経営を考えたり計画を組むことはリスクでしかありません。

だからこそ「全面否定」の視点でマーケティングを始めることは重要です。今は売れて売れてしょうがない商品でも明日も売れる保証はないので、そんなリスクに備えて今どんな手を打つかを考えることがマーケティングのミッションです。

一方で営業の本質は、「売り込む方法論の確立」にあります。商品がまずあって、それをどう売り込むかを考えることが営業の仕事です。マーケティングより短期的な成果をターゲットに活動することになるので、局面局面でどう攻略していくかが重要となります。

営業で重要なのは「全面肯定」。今の商品やサービスに欠点はあるかもしれませんが、それでも顧客に良いところをどれだけ訴求できるかが勝負です。会社としては完璧な商品やサービスを目指すべきですが、世の中には完璧は存在しません。加えてライバルも本気で勝負に来ているので、一時は完璧に近いものができたとしてもすぐに状況は変わってしまいます。そんな時でも営業は全面肯定を貫き、多少欠点があろうとイイところをアピールするなり、欠点の影響が小さいマーケットに行くなり、考え方次第で選択肢は大きく広がります。顧客が重視することは本当に様々ですから、価格で負けていたとしても品質や納期面でカバーすることは十分可能でしょう。

たまに「ウチの製品は高くて売れない。売れないのは製造や技術のせいだ」と文句ばかり言う営業がいますが、まさに本末転倒です。営業の本質から大きく外れていますし、こんなことを言っても一円の売上にもつながりません。こうした状況でも営業は、顧客の声を製造に共有するとか、営業視点で改善提案するといった前向きな話をすべきだと考えています。自社の製造を育てられるのは営業だけです（その逆もしかりです）。

2 売れる仕組みを作るためのマーケティングの三本柱

マーケティング活動を通じた「売れる仕組み作り」のためにはどんなことが必要でしょうか？　筆者の経験上、マーケティングには次に示す三本柱が必須だと考えています。

なお、「ウチにはマーケティングをやる部門なんてないんです」という中堅中小企業は

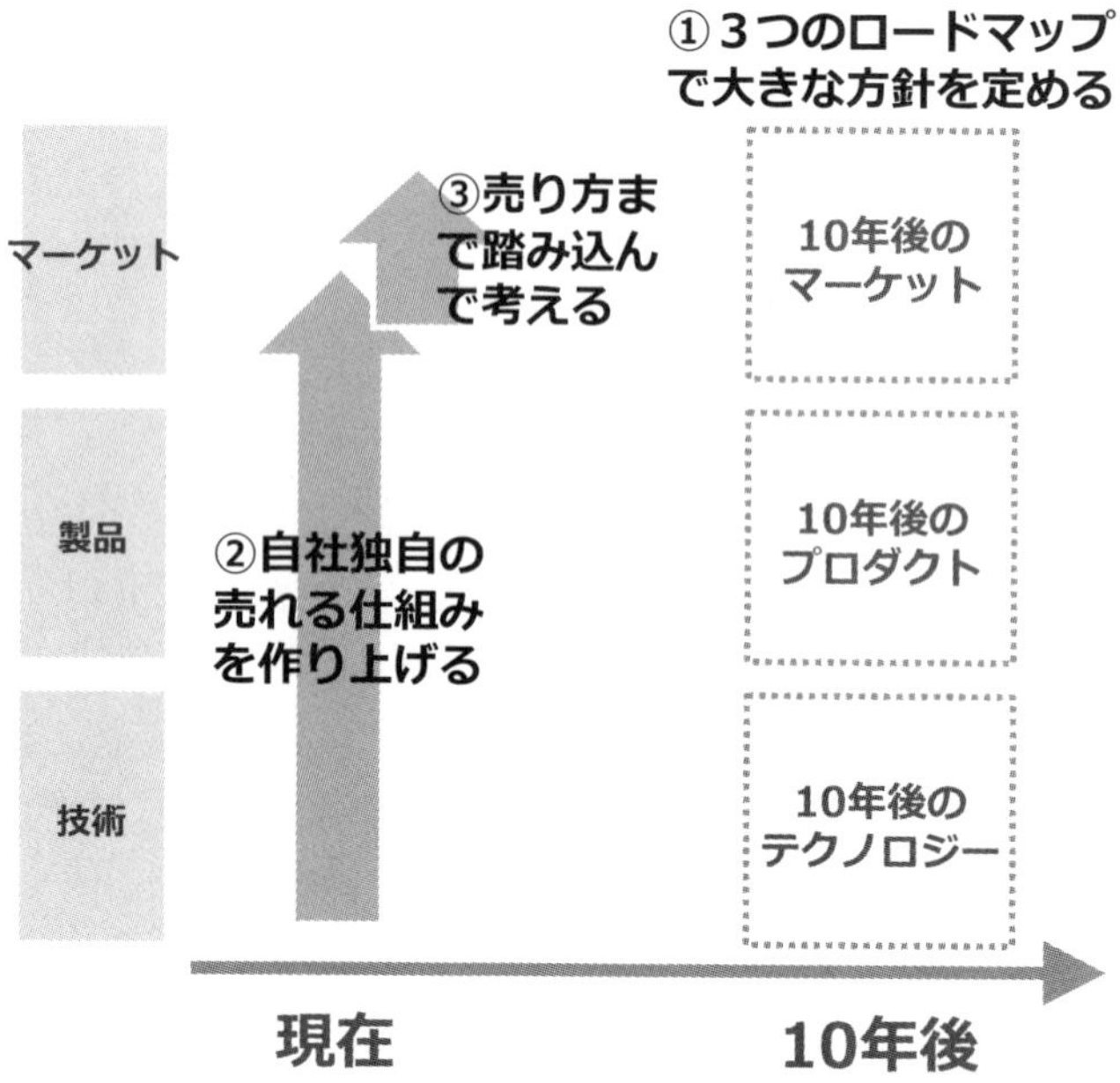
①３つのロードマップで大きな方針を定める
マーケット
製品
技術
③売り方まで踏み込んで考える
②自社独自の売れる仕組みを作り上げる
10年後のマーケット
10年後のプロダクト
10年後のテクノロジー
現在
10年後

少なくありません。ただ今の時代、「いいモノを作って、あとは営業が気合で頑張る」だけで売上を上げていくのは困難です。マーケティング部門がないからといって何も手を打たないままだと、結果としてやはり売れていかないでしょう。マーケティング専門部隊がない時は、主に経営と技術と営業が連携して三本柱の機能を果たしていくことになります。例えばマーケティングの三本柱のうち、1は経営、2は経営＋技術＋営業、3は営業、と。ただ、分けて行う場合でもその本質は変わりません。

2―1　3つのロードマップで大きな方針を定める

一つ目の柱は、マーケット・プロダクト・テクノロジーそれぞれが将来どうなるかを見極めることです。例えば10年先にどうなるかを考え、そうした中で自社の大きな方針を立てるのです。なお、将来を当てること自体が目的ではなく、大きな方針を持って走りながら軌道修正を繰り返すことが重要です。

・マーケットロードマップ―今あるマーケットが、この先10年先にどんなマーケットになるか？　または今はターゲットにしていないが、狙える可能性のあるマーケットの将来像は？

・プロダクトロードマップ―この先10年にわたり、マーケットに投入したいと考える製品ラインナップはどういったものか？

・テクノロジーロードマップ―技術業界のトレンドも踏まえつつ、製品ラインナップを実現するために新たに獲得すべき技術は何か？

第六章で述べたように、中堅中小企業が何もないところにいきなり飛んで行っても、そこで勝つことは至難の業です。最も競争力のある製品・得意市場を起点にしながら陣地を広げていくといった盤石な戦い方が求められるでしょう。

とあるメーカーでは事業計画作成にあたり、「業界の将来像、そして将来狙いたい新規市場に関するマーケットのロードマップ」を描くところから改革ストーリーを描いていきました。当社はこれまで電子部品を下請け的に製造していたのですが、当社が付き合いのある業界は縮小傾向にあったために、これまで未着手だった市場への参入も視野に改革を

進めることにしたのです。これまでは社内の雰囲気として「今の市場で食えているからいいじゃないいか。別市場が狙えたらいいかもしれないが、大変だし、やり方も分からないし」という状況だったため、新市場への参入が真剣に検討されることはありませんでした。足元だけを見ると確かにそうだったのですが、10年先まで見通すと、今の縮小市場だけにとどまることは大変なリスクでした。

当社では、部品下請けだけではなく、完成品に近いメーカーにも製品を開発して売りに行くことを方針として掲げました。ただ、「経営トップが方針を打ち出しただけで終わり」といったよくある失敗で終わらせないために、新市場を狙うためにどんな製品開発・技術開発を進めていくかの10年先のロードマップも具体化していったのです。今までの部品製造だけでなく、将来的にはデバイスも製造していく必要があることも明らかにしつつ、事業展開を具体化していきました。

特に現場視点では生まれにくいのが、新市場における「新しい戦い方」の認識です。新しい市場で戦うためには、エンドユーザーが求めることが抜本的に変わるだけではなく、新たに出くわす競合や法規制等の動きも踏まえて動く必要があります。今だけをみるのではなく、数年後、10年後のロードマップを描きながら動くことで、当社は成長を続けています。

2―2　自社独自の売れる仕組みを作り上げる

例えば、大手企業の下請けで年商数百億円の会社より、自分でマーケティング・開発をしている年商数十億円の会社の方が、自立しているという点では「強い経営」です。ちょっとした景気変動や発注元の方針変更により、下請けは受注額が大きく変動してしまいます。かつ利益率も、一般的には自立している方が良いでしょう。

経営の自立には、特にマーケティングと技術開発という二本の足で立つことが必須です。技術開発で自社にしか作れないものを作ると同時に、マーケティングでどうすれば売れるかを考える、この両輪をバランスよくワークさせることが経営者には求められます。

第一章では直販店舗を通じて企画力・開発力を鍛えた事例、そして第五章ではマーケットに近いところで勝負した市場開拓の事例を挙げました。これら事例の大切な共通点は、これまで他人任せだった「売れる仕組み」を自社で築き上げようとしたことです。特に中堅中小企業では、自社で顧客接点を持って自ら企画しようとする努力は常に重要と考えています。もちろん、なんでもかんでも自前主義でやるべきという訳ではありませんが、「売れる仕組み」が完全に他人任せでは自力はついていきません。

2―3 売り方まで踏み込んで考える

中堅中小企業のマーケティングにおいては、顧客を知るための市場調査や、どういった商品を作るかの商品企画に力が注がれることが多いようです。何を誰に売るかは気になる所ですが、意外と抜けがちなのは「どう売るか？」の側面です。マーケティングの立場からすると「どう売るかは営業の仕事でしょ」と思っていることも多く、取り組みが社内で分断されて、結局はチャネル・価格・販売促進をはじめとする売り方が十分検討されずに終わるケースは少なくありません。

筆者がメーカー経営をしていた頃、扱っていた電子機器が売れずに苦労したことがありました。当時の市場は、ライバルが圧倒的に先行しており、ライバルがマーケットシェア80%以上を押さえていたので、どこに持って行ってもなかなか売れませんでした。売り込みに頑張っていた営業も「競合が強過ぎて売れません！」の一点張り。競合が強いことは事実で、一見すると確かに売れそうにありませんでした。

ただそれでも諦めることなく、マーケティング視点で「どの市場にどんな製品がマッチするか」を試行錯誤した結果、そうした状況でも売れ始めた瞬間がありました。この機器のメインパーツは定期的な交換が必要で、当時は使い終わったパーツは廃棄となっていました。ただ市場に目を向けると、特定の市場ではエコに対する意識が高まりつつある兆しがあったので、長時間使用に耐えうるパーツを先駆けて開発して売り込むことを決断しました。当初は営業も乗り気ではなかったこともあり、価格や販促のやり方もマーケティング主導で進め、結果的にエコを全面に打ち出すことで、特定市場にピタッとはまったのです（エコが叫ばれていなかった他市場では全く売れずでしたが）。ライバルより高価格だったものの、その時はどの競合もエコには着目していなかったこともあり、相当数が売れて

いきました。

「売るのは営業の仕事」と営業だけに任せても売れないことも多いもの。そういう時こそマーケティング視点で売り方にまで踏み込み、それに合わせた攻め方を考えることが突破口になると考えています。

3 強い営業を築き上げる

3―1 営業の仕事の本質

筆者の考える営業の本質は、「まず相手を立てて、その上で自分も立つことのできる接点を見つけること」です。第四章の「利他の心を判断基準とする」で述べたように、営業にあたってはまず、相手に喜んでもらわないといけません。とは言え、相手に合わせるだけではこちらの利益が確保できないかもしれません。相手が喜ぶ領域と自分が喜ぶ領域が重なる場所を見つけること、そしてその重なりの中で仕事をすることこそ営業の大事な仕

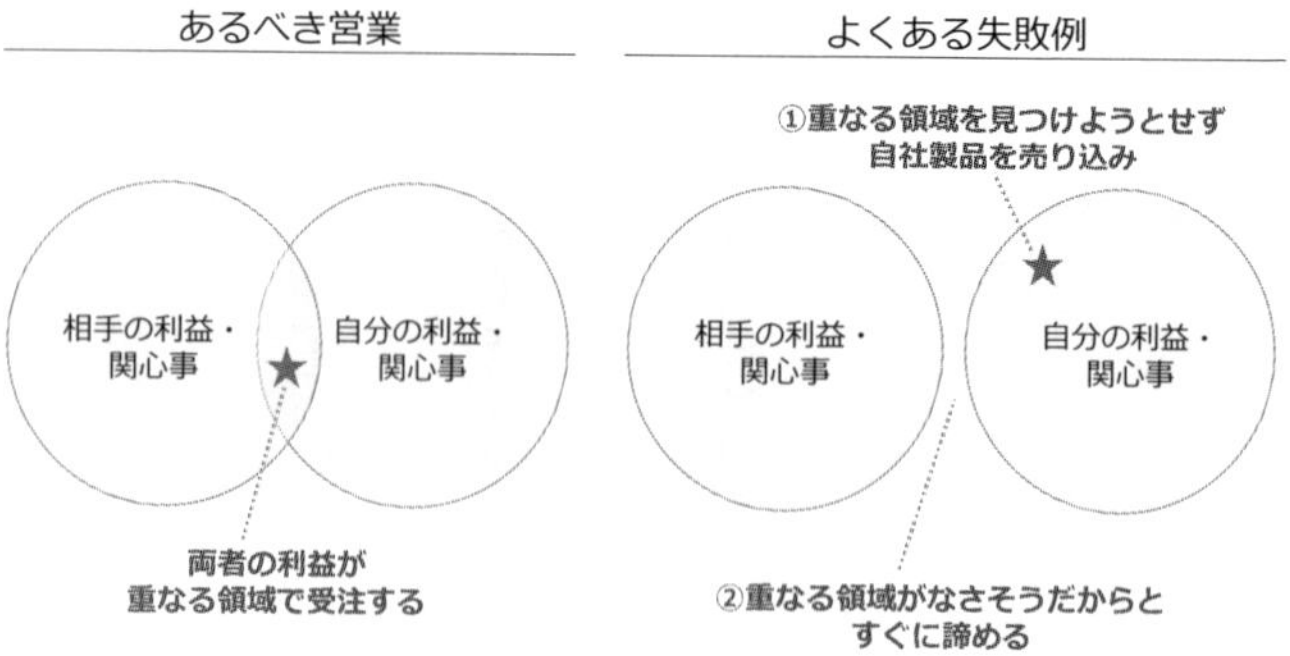

事です。ただ実際には、重なる領域を見つけようとせずに自社商品を一方的に売り込もうとする営業や、重なる領域がなさそうだからとすぐに諦めてしまう営業は少なくありません。

こうした考え方に基づき、営業として取るべきアプローチを左記に示します。

最初は、顧客候補と自社の利益が重なる領域があるかないかを冷静に見極めることです。意外とこれをせずに、脈がないのに売り込みを続ける営業は少なくありません。相手が望んでいること、そして自社が出せる価値を整理しましょう。

このプロセスの中で運よく重なる領域が見つかった場合は、そこを突破口に売り込みをかけることになります。その重なりは広いかもしれませんし狭いかもしれません。広ければ自由度高く交渉でき、相手に歩み寄ることもできるでしょう。ただ悩ましいのは、重なる領域が狭く、受注できるかどうかが微妙な場合です。この場合にはやはり、自社ができることを広げる努力をすべきでしょう。営業だけではなく、製造や技術開発とタッグを組んだ原価創造や納期短縮を通じて自社の円を広げるべきです（このとき社長は、「安くすれば受注できるんです。今回だけ特別に」という営業の泣き言を聞いてはいけません！　コスト削減余地が本当にないか、仮に戦略的に値下げする場合でもその後の販売計画・利益計画を営業の責任で出させることが重要です）。

なお、この自社の円を広げる取り組みは、最初のプロセスで「今のところ重なる領域はない」と判断した顧客候補についても同じです。「今はWin-Winは築けないが、将来的にこれが実現できればビジネスになる」という目標ラインは正確に把握しておくべきでしょう。

自社の円を広げることができるかどうかを見極めるためには、売るという行為だけではなく、「その事業を成り立たせる」という視点が営業にも必要となってきます。仮に営業のKPIが売上だったとしても、相手と自分の重なる領域で受注するには、売上だけではなく、事業採算や在庫そしてキャッシュフローを意識せねばならない局面が出てきます。更には、営業としての視点だけではなく、製造や技術の現場を知った上で彼らの苦しみをどこまで想像できるかが営業の成否を分けるでしょう。受注獲得に向けて、クライアントは何を問題にしているのか？ それを自社で解決できるのか？ 今もしできないならどうすれば解決できるようになるか？ こういったことを周りを巻き込みながら進められる営業こそ、本当に価値ある営業と言えるでしょう。

ちなみに筆者がコンサルティングに入って営業担当にインタビューするような場合は、前述の本質に基づく営業活動ができているかに加えて、事業採算や在庫を細かく質問していきます。各担当が、どこまで事業を成り立たせようとする視点や想いを持っていて、数値把握できているか。その上で、営業時に出てくる問題（価格がライバルに比べて高いとか、短納期が必要といった問題）に対して、具体的にどんなアクションを取っているかで営業の実力が垣間見えてきます。

3―2 事業展開を加速する営業マネジメント

ここでは、第六章にて述べた事業展開における営業マネジメントについて見ていきたいと思います。

事業展開においては、競争の源泉となっている技術を明確にしながら、将来的に狙いたいマーケット・顧客そして製品開発の青写真を描くことが大事であることを述べました。こうした事業展開を実現するためのエンジンが営業と技術開発ですが、このエンジンが機能するかどうかは営業をどうマネジメントしていくかにかかっています。よくあるのが、社長は営業の活動状況や進捗が見えておらず、たまに営業に進捗を尋ねても「ちょうどいいま頑張ってます！　いいところまで行ってるのでもう少し待ってください」とだけ言われてそれ以上は踏み込めない状況です。

会社の将来を決める新規開拓が、営業任せになっていい訳がありません。事業展開を確実に進めるには、具体的な活動状況・計画からの乖離・受注に向けたボトルネックといった情報に基づき、今どんな施策が必要かを決めていく必要があるでしょう。

ターゲット		営業担当	受注予定額	訪問	プレゼン	見積もり	条件交渉	受注
A社	・XXマーケット ・年商:XX億円 ・攻める理由	XX	XX億円	XX月 次に進んだ理由	XX月 次に進んだ理由	★XX月 勝つシナリオ。課題とリスク	XX月	XX月
B社	・XXマーケット ・年商:XX億円 ・攻める理由	XX	XX億円	★XX月 勝つシナリオ。課題とリスク	XX月	XX月	XX月	XX月
C社	・XXマーケット ・年商:XX億円 ・攻める理由	XX	XX億円	XX月 次に進んだ理由	XX月 次に進んだ理由	XX月 次に進んだ理由	★XX月 勝つシナリオ。課題とリスク	XX月

スケジュールや受注額について、計画との乖離が出そうになるとアラーティング

例えばあるBtoBの会社では「営業プロセス全体の見える化」を目的として、次に示す帳票を全員が見ながら営業活動を議論していました。

この帳票では、各活動の進捗が見えるだけでなく、今直面している課題やリスクも明示しています。加えて、曖昧になりがちな時間軸や受注予定額も可視化し、計画比で乖離が出る場合には自動的にアラートが出るようになっています。そのためマネジメントは全体像を把握しつつ、各プロセスの重要ポイントを一覧することができ、ボトルネックを超えるためのサポートや将来リスクへの備えを考えられるようになりました。例えば、営業だ

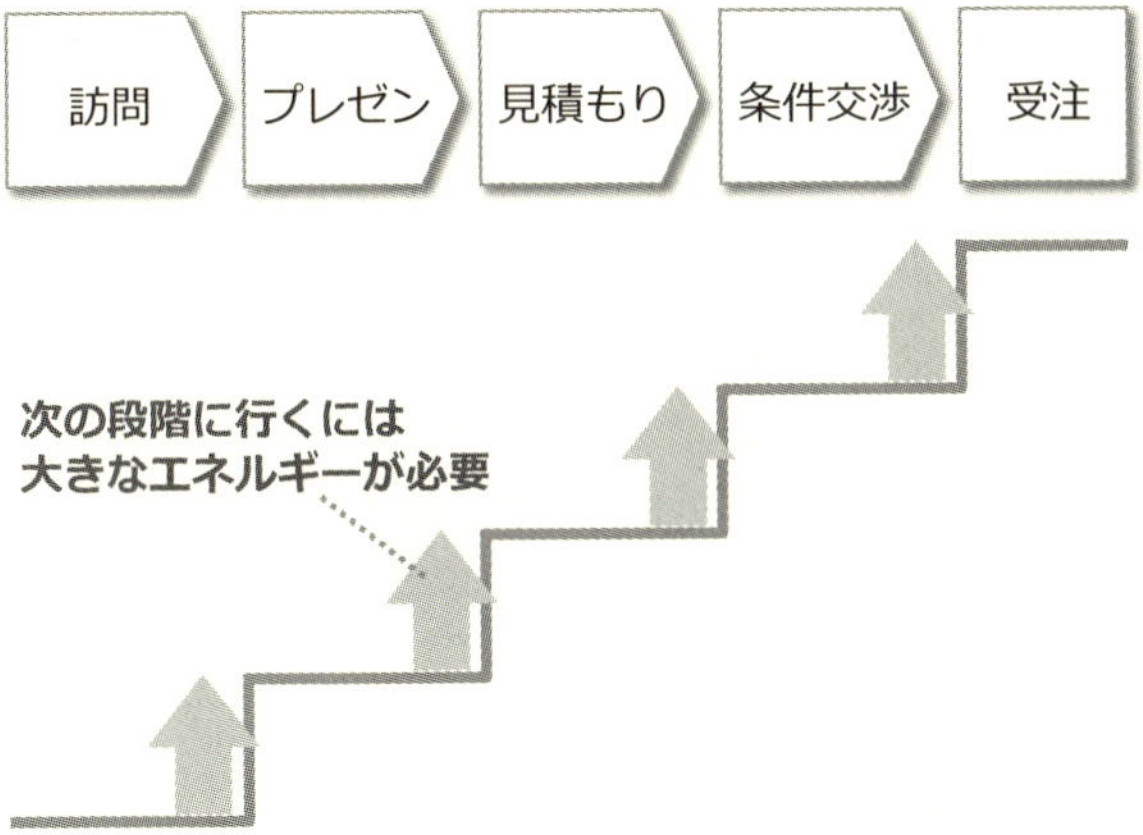

けでは解決できない課題を改善するためにトップダウンで他部門に協力依頼するとか、あるいは営業が勝手な値引きをしようとしていないかのチェックが可能に。

ちなみにこれまで当社では、マネジメントが逐一営業に状況を尋ねていました。営業日報もあったのですが、商談内容がダラダラ書かれていただけで、マネジメントが見たときに全体像や課題が掴めずに実質形骸化。そのため適切なレビューやアドバイスができずに、完全に決着がついた時 or どうしようもない問題が起きた時だけマネジメントに報告が来るという状況でした。

なお、「営業プロセスを進める行為」と「化学反応」は似ていると考えており、反応を進めるには大きなエネルギーをかけて閾値を超える必要があります。逆の言い方をすると、どれだけ小さなエネルギーをかけても次の段階に行くことはできません。営業マネジメントは、そうした大きなエネルギーを一点突破で生み出すためにはどうすればいいかを全社で考えることに他なりません。他部門が支援できる仕組みを作るとか、超えるべき閾値を下げるために社長の人脈を使うとか…。営業の強い企業は、ありとあらゆる手を尽くして受注を取りに行っています。

3—3 科学の力で営業を高度化した事例

最後に、「科学的アプローチでの経営改革」についてお話したいと思います。データ分析・統計・IT等を活用する「科学的アプローチ」を経営に取り入れることによって、「経営実態の可視化」「高精度の需要予測等の情報に基づく、意思決定の質向上」「ヒトが作業すると時間がかかることの省力化」といった、これまでできなかったことができるようになり

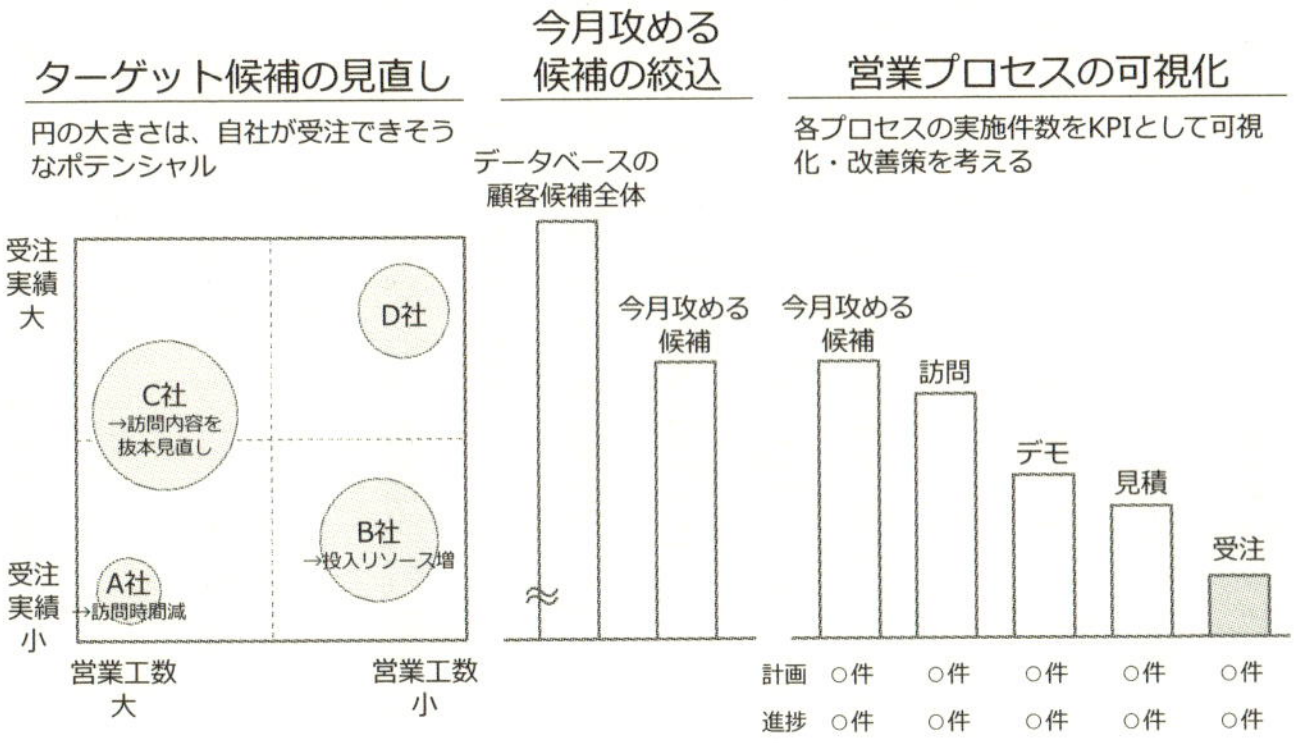

ます。

次に示す事例は、筆者がコンサルとして支援した会社における「科学的アプローチでの営業改革事例」です。この会社は法人向けに製品販売をしており、製品寿命は数年ほど。製品単価が高いこともあり、リピート需要をいかに取り込むかが大切なビジネスでした。

これまでの当社営業は、どこの会社をターゲットにするか、いつ売り込みに行くか、途中でどんなアプローチをするかは、完全に営業任せでした。一部の優秀な営業は経営層が何も言わなくても売ることができますが、普通の営業は売れたり売れなかったりという状況。売れるかどうかは経験の要素が強いと信

じられており、経営層は営業を正しくマネジメントできずに、結果として全社売上は目標に達していませんでした。

当社では科学的アプローチを通じて営業を一段高度化させました。基本的な考え方は、「データ分析を活用して、仕事の質と量を上げること」。顧客データベースに蓄積されたデータを活用し、攻めるべき顧客候補をスクリーニングすることで、営業活動にメリハリをつけることにしたのです。

当社ではまず、営業効率の観点から、どの顧客をターゲットにするかを「これまでの受注実績」と「投入した営業工数」の2軸で再整理しました。行きやすいからと何度も訪問していたA社への訪問時間は減らし、受注が取れていないB社には時間をかけるべき、受注ポテンシャルが大きそうなC社は訪問の質を上げられないかといったように顧客戦略の見直しから始めました。

加えて、リピート需要を狙うには営業タイミングも大事です。担当が1ヶ月で商談できる社数は限られているため、今月はどこに営業を仕掛けるかの優先順位をデータに基づき決めていきました。まずはリピート販売を狙うべく、買い替えタイミングが近い顧客を最優先の営業先に設定。顧客が保有している製品の買い替えタイミングをデータベース化しておき、漏らさず当たりきるということを絶対ルールとしました。これに加えて各人が、どの見込客と新規客を訪問するかを決めることで、営業先の質と量を可視化していきました。このプロセスは営業任せではなく、各担当が営業部長と共に決めるルールとしたため、「営業部長から見て、各担当がどこにアプローチしているか分からない」「気付いた頃にはリピート需要を取りこぼしていた」といった事態の回避につながりました。

更にターゲット顧客を決めるだけではなく、営業プロセスも併せて管理していきました。訪問→デモ実施→見積→受注…と各プロセスの実施件数をKPIとして可視化し、活動量が足りない営業や、仕事のレベルが上がらない営業を、部長がすぐに気付けるような仕組みを作っていきました。これにより、「今月前半の訪問件数が少ないが、後半でどうリカバリしようと考えているのか?」「受注率が最近下がっているようだが、何が課題になっているのか?」といった具体的なコミュニケーションがなされるようになったのです。更には各商談内容をデータベース化することで、営業部長による更に一歩踏み込んだアドバイスも可能となりました。

こうした営業先の質と量の高度化そしてプロセス管理は、日々の進捗管理に加えて、各担当が抱えている課題の抜本改善にもつながりました。営業が売れない要因にはいくつかのパターンがあり、例えば絶対的なアプローチ数が少ない、門前払いが多い、クロージングできない、あるいはリピートがとれない／新規がとれない、と様々ではあるものの、ボトルネックとなる課題が必ず存在しています。これまでは営業の課題は完全にブラックボックスだったのですが、データを使った営業プロセスの可視化を通じて、本質的な課題特定・改善の手が打てるようになりました。

なお、当社製品は見込生産ですが、意外と怖いのが受注した時に「欠品」が発生するケースでした。注文を獲得しても製品が欠品しており、更に部品調達や製造リードタイムが理由ですぐに納品できずに、失注に繋がるケースもある状況だったのです。あまりにもったいないことですが、やみくもに調達・製造しても在庫の山になってしまうので、この機会ロス問題も科学的アプローチで改善を図りました。製品の買い替えサイクル・季節要因等をベースとしつつ、先ほど述べた営業進捗も加味した需要予測を作成し、それを全社で共

有するようにしました。需要予測という根拠ある情報に基づき、部品調達や生産管理を実施することで、「機会ロス」を減らすことも併せて進めていったのです。

結果、営業活動全体の底上げ・適正在庫が実現され、売上は2割程上がりました。

こうした科学的アプローチの特徴は、一旦定着すると効果が出続けることにあります。広告宣伝といった施策はややもすると単発の効果となりがちですが、会社の仕組みとして効果が持続するのが「科学的アプローチ」の特徴でもあります。

おわりに

これまでに数多くの会社を見てきました。素晴らしい技術を有し、優れた人材を擁しているにも関わらず、宝を眠らせたままにしている会社を見ると、本当にもったいないと感じてしまいます。そうした会社が、実力を発揮して大きく飛躍することを目指して本書を執筆しました。

経営改革に成功した企業は、改革前と比べると全てが違います。業績やモノ・サービスをはじめ、働く方々の考え方や動き方はまるで別次元のよう。本文でも述べたように、こうした改革は、正しい経営の考え方・経営の土台作りから始まります。新たな仕組みの下、社内で飛び交う言葉・日々の行動が変わると、業績はもちろん企業文化も変わってきます。経営改革が実現できた会社は、経営の土台が出来上がると同時に、改革過程で実力の発揮の仕方を身に付けることができるため、その後に困難に直面してもそれを物ともせずに成長し続けるでしょう（次に示すような〝正のスパイラル〟を回し続けることができるよう

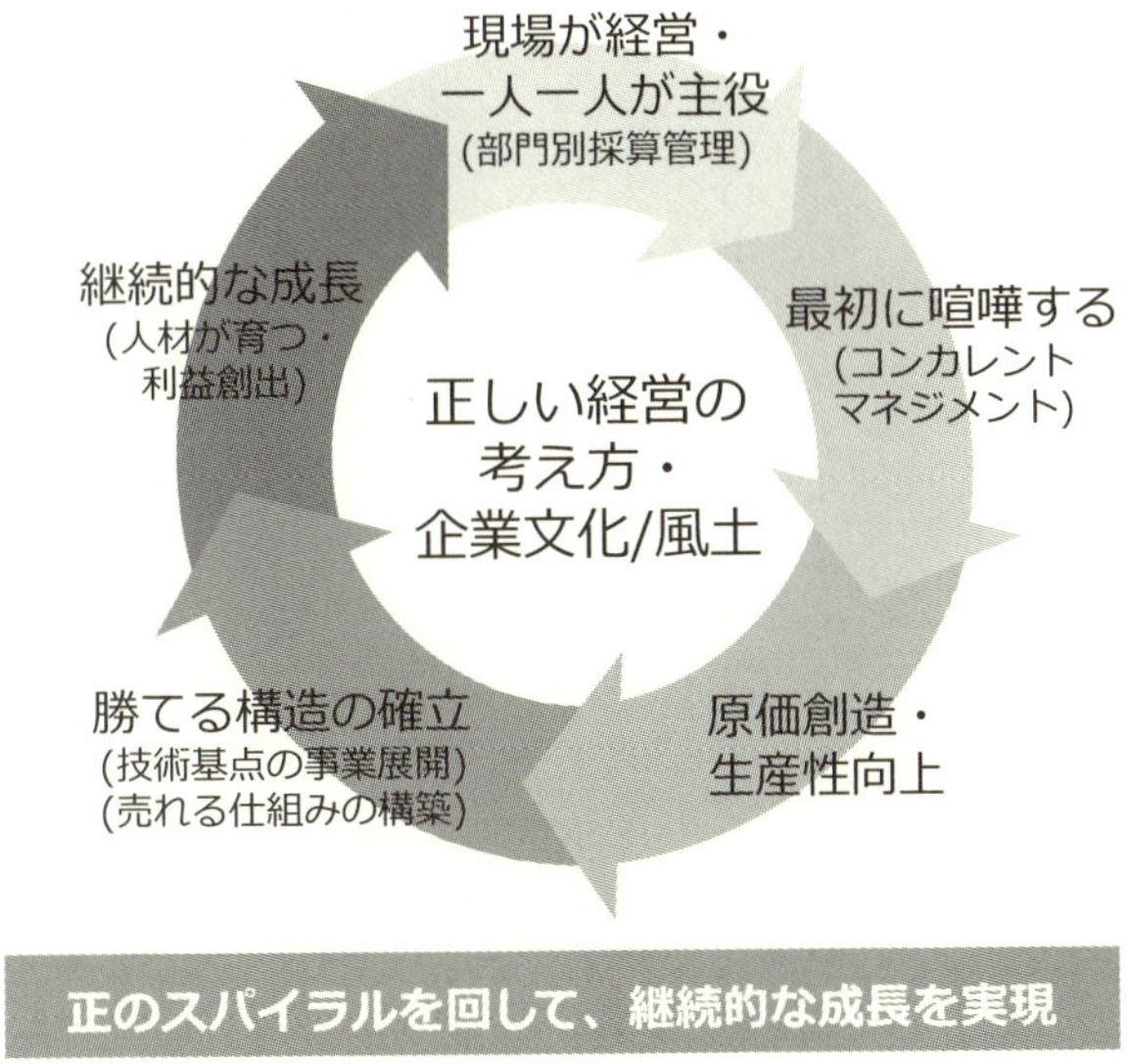
現場が経営・
一人一人が主役
(部門別採算管理)
最初に喧嘩する
(コンカレント
マネジメント)
原価創造・
生産性向上
勝てる構造の確立
(技術基点の事業展開)
(売れる仕組みの構築)
継続的な成長
(人材が育つ・
利益創出)
正しい経営の
考え方・
企業文化/風土
正のスパイラルを回して、継続的な成長を実現になります）。

筆者は経営コンサルタントの経験が長く、言うなれば「経営改革のプロフェッショナル」です。改革の途中は楽なことばかりではありませんが、クライアントと二人三脚で進めてきた改革が軌道に乗った時に感じる喜びは何物にも代えがたいものがあります。本書が、多くの中堅中小企業における経営改革のきっかけとなれば幸甚です。

最後に、本書が完成したのは、これまでに筆者が関わってきた全ての方々のお陰です。これから今まで以上に恩返しすべく精進していきます。特に今一緒に仕事をさせてもらっている皆様、そしていつも支えてくれる家族・友人には心から感謝しています。

二〇一七年四月吉日

山本孝光

奥村亮祐

●参考文献

『京セラフィロソフィ』稲盛和夫（サンマーク出版）
『稲盛和夫の実学――経営と会計』稲盛和夫（日本経済新聞社）

カナリアコミュニケーションズの書籍のご案内

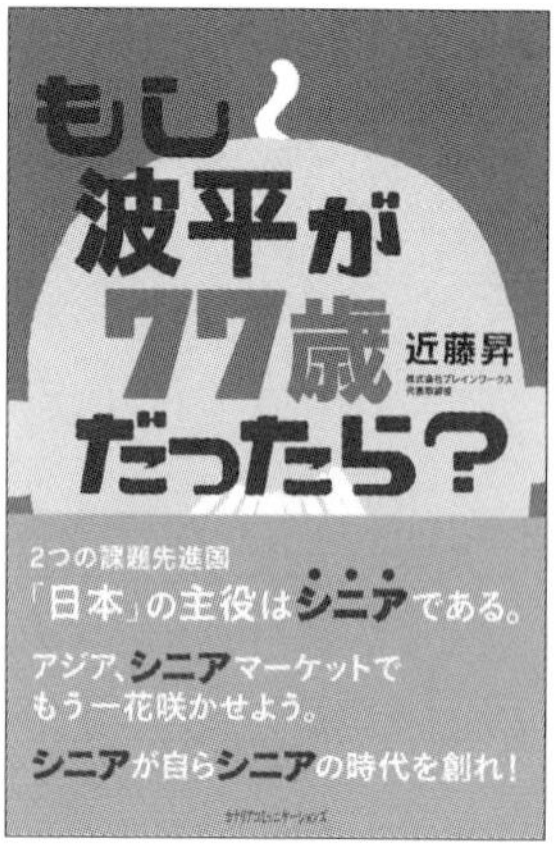

2016年1月15日発刊
価格 1400円（税別）
ISBN978-4-7782-0318-4

もし波平が
77歳だったら？

近藤　昇 著

人間は知らないうちに固定観念や思い込みの中で生き、自ら心の中で定年を迎えているということがある。オリンピックでがんばる選手から元気をもらえるように、同世代の活躍を知るだけでシニア世代は元気になる。

ひとりでも多くのシニアに新たな希望を与える１冊。

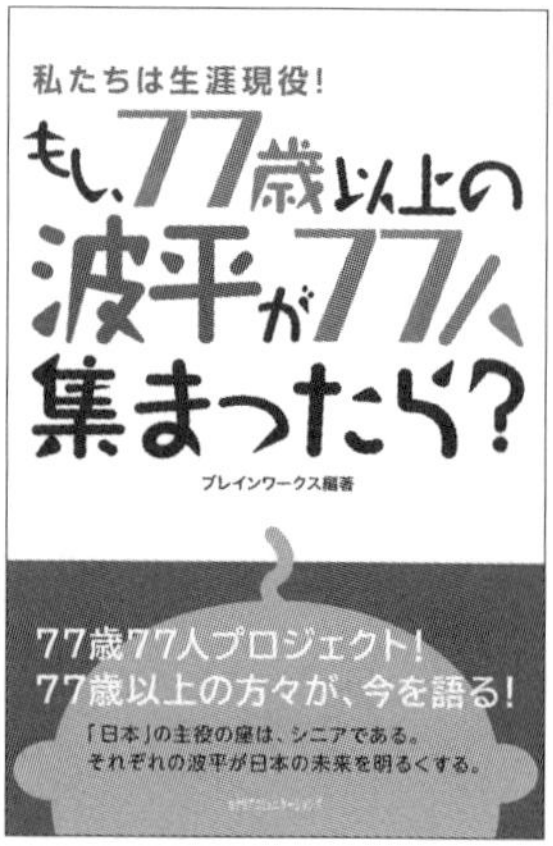

2017年2月20日発刊
価格 1300円（税別）
ISBN978-4-7782-0377-1

もし、77歳以上の波平が
77人集まったら？
私たちは、生涯現役！

ブレインワークス　近藤　昇 著

現役で、事業、起業、ボランティア、ＮＰＯなど各業界で活躍されている77歳以上の現役シニアをご紹介！

「日本」の主役の座は、シニアです！

77人のそれぞれの波平が日本の未来を明るくします。

シニアの活動から、日本の今と未来が見える！

「もし波平が77歳だったら？」（近藤昇著）の反響を受けての第２弾企画。

カナリアコミュニケーションズの書籍のご案内

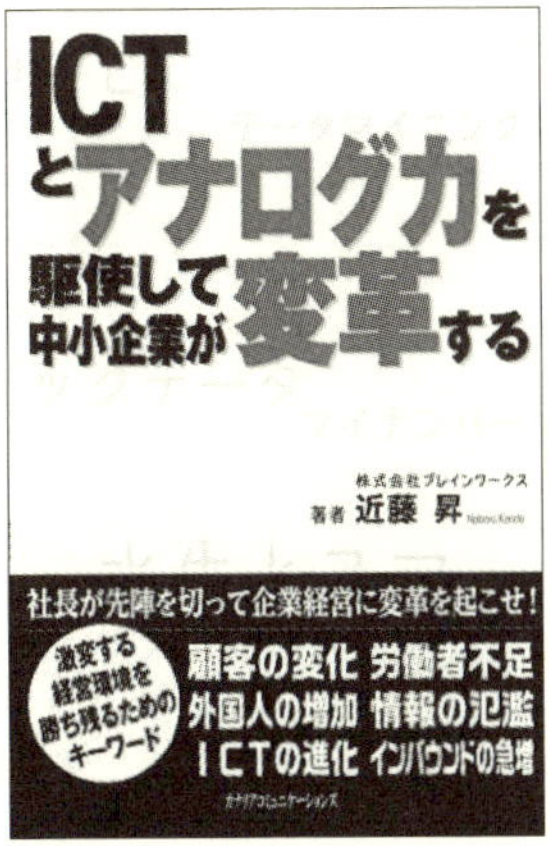

ICTとアナログ力を駆使して中小企業が変革する

近藤 昇 著

第１弾書籍「だから中小企業のＩＴ化は失敗する」（オーエス出版）から約15年。

この間に社会基盤、生活基盤に深く浸透した情報技術の変遷を振り返り、現状の課題と問題、これから起こりうる未来に対しての見解をまとめた１冊。

中小企業経営者に役立つ知識、情報が満載！！

2015年9月30日発刊
価格 1400円（税別）
ISBN978-4-7782-0313-9

もし、自分の会社の社長がAIだったら？

近藤 昇 著

AI時代を迎える日本人と日本企業へ捧げる提言。

実際に社長が日々行っている仕事の大半は、現場把握、情報収集・判別、ビジネスチャンスの発掘、リスク察知など。

その中でどれだけＡＩが代行できる業務があるだろうか。

１０年先を見据えた企業とＡＩの展望を示し、これからの時代に必要とされるＩＣＴ活用とは何かを語り尽くす。

2016年10月15日発刊
価格 1300円（税別）
ISBN978-4-7782-0369-6

〈著者プロフィール〉

山本 孝光 (やまもと たかみつ)

株式会社コンサルティングベース 最高顧問。

工学博士。福井大学大学院修士課程修了。日本電子株式会社にて電子—核二重共鳴の研究などＲ＆Ｄに携わった後、京セラ株式会社で、稲盛和夫社長の下、事業部長として完成品、特にIT事業の事業展開を図る*。その後、経営者として複数企業の再建を実現し、更に山田ビジネスコンサルティング株式会社にて持続的成長コンサルティングの部門長として、厳しい中堅中小企業の再生に携わる。(*柳田邦夫著「活力の構造 開発篇」参照)
著書「新実験化学講座３基礎技術２磁気 共著」「インタラクティブ・デジタル・テレビ技術 共著」

奥村 亮祐 (おくむら りょうすけ)

株式会社コンサルティングベース 代表取締役。

京都大学大学院修士課程修了。森永乳業株式会社にて製造現場を経験した後、経営の道に転身。中堅中小の企業再生を強みとする山田ビジネスコンサルティング株式会社、およびグローバルコンサルティングファームであるアクセンチュア株式会社にて、マネージャーとして数多くの企業の業績改善・成長を主導。経営コンサルタントとして10年以上の経験を経て、株式会社コンサルティングベースを設立。

中堅中小企業の経営改革

2017年5月12日〔初版第1刷発行〕

著　　者　山本 孝光・奥村 亮祐
発 行 者　佐々木 紀行
発 行 所　株式会社カナリアコミュニケーションズ
〒141-0031　東京都品川区西五反田6-2-7 ウエストサイド五反田ビル3F
TEL　03-5436-9701　FAX　03-3491-9699
http://www.canaria-book.com
印 刷 所　本郷印刷株式会社
装　　丁　安藤　司
D　T　P　安藤　司デザイン事務所

ISBN 978-4-7782-0378-8 C0034